U0053973

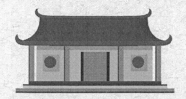

元華文創

宗親視野下的

Local Elections from The Perspective of Clans :
Case Study of Five-in-One Elections of Kinmen in 2018

地方選舉

2018年金門縣五合一
選舉個案分析

陳家黨、李家黨，然後才是國民黨，

誰當縣長誰就掌握金酒，

透過本書觀察金門特殊的選舉文化。

主編　林政緯

作者　梁庭瑋　李辰恩　林嘉蒨　陳彥如　吳祈攸　張朕祥　洪靖翔　黃譽右
　　　藍奕誠　屠科敞　王芃芸

主編序

　　2015 年是人類自省與良善之年，經歷了面對暖化而戮力達成的《巴黎協定》，以及 TPP 太平洋的經濟整合新趨勢，就連紛擾的海峽兩岸也如春江水暖地召開「馬習會」。此時，青澀的孩子們，正聚首於文風鼎盛的金門島，開始了一場石刻之旅，匠心雕琢、巧思鏤刻其不凡的靈魂，漸磨稚拙，嶄露智慧的覺醒。

　　大學應屏除淪為無所辨識的文憑工廠或成為國家灌輸意志的工具，而應是一追求真理的殿堂。師生間透過創造議題、建構思維、轉化資訊、儲存知能和轉移知識，進而創造出新知識和想法，建構出更多集體的智慧與創建，為紛擾的社會提供更多至善的知識而努力。

　　金門大學國際暨大陸事務學系的課程特點之一，即是訓練學生擁有創造與解決議題之能力，尤其是專題研究的課程，更凸顯其實踐的珍貴。身為金門縣唯一的國立大學，更有著投入金門學研究之使命。2014 年以「地方自治與治理」為題，共有 26 名學子進行研究，並於 2016 年 8 月由致知學術出版社出版《金門民主化的進程——五合一選舉與組織動員》乙書，為金門學領域中地方自治研究增添些許貢獻。

　　2018 年係以「選舉專題研究」為研究方向，由 2015 年入學的 11 名學子們進行 2018 年金門縣五合一選舉的調查分析，並於同年 12 月 19 日在金門大學黃木榮演講廳公開發表。此次研究共分兩主軸進行，一由梁庭瑋、李辰恩、林嘉蒨、陳彥如、吳祈攸同學所研究之「宗親會對地方選舉影響之研究——以第七屆金門縣長選舉為個案分析」，二由張朕祥、洪靖翔、藍奕誠、黃譽右、屠科敞、王芃芸同學所調查之「金門縣地方自治選舉中投票行為之研究」，以期補強金門民主化之進程提供更多的研究。

　　本書《宗親視野下的地方選舉》(*Local Elections from The Perspective of Clans*)由元華文創出版，不僅留下了青春學子們的研究，更提升金門學政治研究之完整。特此感謝金門大學陳建民校長對學術研究的全力支持和評論老師劉佩怡教授、翁正義教授，以及陳益源院長、高瑞新院長與系上師長周陽山教授、李金振教授、紀博棟教授、邱垂正教授、陳慧菁教授、劉名峰教授、劉冠効教授、盧政鋒教授、前田植樹教授、楊瀛谷教授的刻心指導和薛曉筠系助的行政支援，方得以順利付梓。最後，謹以法國哲學家盧梭(Jean-Jacques Rousseau)之言「我未必出類拔萃，但必定獨一無二」，獻給這群破繭成蝶的學子。

林政憲

2020 年序於金門大學

目　錄

表目錄

圖目錄

第一章　緒論

第一節　研究動機與研究目的

壹、研究動機

　　自 1949 年中華民國政府撤退來臺，金門隨即進入戒嚴狀態，並在 1953 年實施戰地政務體制，地方行政由軍隊掌控，直至 1992 年在兩岸關係和緩，金門終於結束長達 43 年的戒嚴狀態與實施 36 年的戰地政務體制，在戰地政務實施時期，金門實行軍政一元領導，金門縣長由金防部司令官指派，在以軍領政的情況下，以軍事首長的意志代替民選政府，不容許地方組織民意機關，金門人民的參政權被嚴重剝奪。在戰地政務體制影響下，金門地區的民主發展遠遠落後於臺灣本島，臺灣於 1950 年實行第一屆縣長民選，而金門遲至 1993 年才開放第一任的縣長民選，可見金門的民主政治之路的艱辛與不易。

　　金門縣於 1992 年回歸民主憲政，開放實施民選縣長，讓金門原已存在深厚的血緣、宗族、宗親、地域等派系關係形成的特殊選舉投票行為等現象，自然浮出檯面。此外，由於金門地區的傳統社會長期以農業、漁業為主要產業，更有其單性自然村之聚落特性，因此居民與宗親會關係相當密切。在金門地方選舉中，傳統組織之複雜性與強大影響力，形成了特殊的金門選舉文化。

　　金門地處偏遠，地形封閉，加上從前長期的軍事管制，使得金門的民主發展程度不及臺灣本島，處於正在發展階段，加上金門傳統的聚落與宗族概念，讓金門發展出獨特的選舉形態。本研究以 2018 年金門縣五合一選舉為研究個案分析，是因研究者在金門就讀，對金門環境較為熟悉，亦具有觀察與研究的便利性，因此本研究以金門縣縣長選舉作為個案分析。

　　金門當地流行一句玩笑話，第一大黨為陳家黨，第二大黨為李家黨，然後才是國民黨。由此可推測，在金門所形成的宗親政治勢力對地方選舉中的影響

力甚至超越了政黨因素，金門特殊的政治型態與運作異於一般的政治生態，此為本研究選擇 2018 年金門縣五合一選舉作為研究主題動機之一。

貳、研究目的

自 1992 年金門回歸民主憲政體制，但由於 36 年的戰地政務體制，使金門的社會仍較為保守，傳統宗族勢力在金門影響力依舊，本研究主要目在於分析宗親政治對於金門縣縣長選舉結果之影響，藉由瞭解金門縣地方宗親政治，分析金門特殊的宗親政治對選舉投票行為的牽動關係。

金門在 1980 年代政策性的部分開放，兩岸關係日漸緩和後金門在地軍民關係的改變，傳統宗族社會在 1980 年代外流機會增加後，職業型態（土地廢耕、兼業）、營造行為（傳統建物的瓦解）、祭祖儀式與活動（祭祖流於形式、參加之族人越來越少）、人口結構（聚落呈現老年化）等的轉變下，傳統的宗族社會族人皆不再聚落中且難得回來，雖然還保留著某種程度的宗族形式，但實際的社會結構已經面臨瓦解（吳培暉，1996）。且隨著小三通的開放，近年來金門往來人口日益增加，外來定居人口也明顯增加，新的群體與文化的融入，加上資訊傳播的快速流通，金門的民主化與教育程度相對提高，對於金門傳統宗族勢力是否有式微之跡象也值得我們探討。

在 2018 年金門縣縣長地方選舉的候選人中，有別於過去陳李兩大宗親對決之情勢，目前陳家推舉陳福海，李家目前並無推舉人選，是否其他姓氏宗族會聯合推選候選人。隨著整體環境結構有所改變，以及今年金門縣縣長選舉之結果，本研究會進一步整合分析與探討，並將分析之結果紀錄，提供未來研究之參考。

第二節　研究途徑與研究方法

壹、研究途徑

在投票行為方面分別有四個研究途徑，第一，生態學研究途徑，是以人文區位為主的研究途徑，以總體層次關注於選民投票行為與整體資料之關係，其代表學派為芝加哥學派；第二，社會學研究途徑，強調團體與社會互動的概念，關注於社經地位、宗教與居住地等因素對於投票行為的影響，其代表學派為哥倫比亞學派；第三，社會心理學研究途徑，關注選民心理因素尤其是政黨認同對投票行為的影響，提出「漏斗狀因果模型」，其代表學派為密西根學派；第四，經濟學研究途徑，亦為理性選擇研究途徑，主張選民以理性、成本與經濟效應角度對政黨或是候選人進行評估，決定支持方向與投票與否，可簡單區分為回溯型投票與前瞻型投票，其代表學派為理性選擇學派。

其中，社會學研究途徑（sociological approaches）─哥倫比亞學派（Columbia School），其主要由個人所處於社會的「相對位置」來解釋民眾投票行為（Lazarsfeld, 1944）。「哥倫比亞學派」強調人際溝通，尤其是初級團體、意見領袖對個人偏好的影響。同時，他們也強調社會網絡以及大眾傳播媒體對選民投票抉擇的重要性（Berelson, Lazrsfeld, and Mcphee, 1954）。此研究途徑強調人際溝通與社會互動的概念，所以很注重選民投票的過程，但重點仍放於社會團體，尤其是初級團體的影響。在選舉過程當中，選民所接觸的大眾傳播媒體、次級團體，以及選民個人的社會網絡，不僅會影響選民對於選舉資訊的取得，也會影響選民的投票決定（Berelson,1954）。哥倫比亞學者 Paul F.Lazarsfeld, Bernard Berelson, Hazel Gaudet 等人尤其強調投票行為中的社會特質。他們綜合選民的社經地位、宗教信仰與居住地區等三背景因素，建立「政治傾向指標」（index of political predisposition），藉以衡量選民投票方向。社會學途徑更強調社會系絡的影響，在一個結構相似的群體中，易受群體意見影響而形成自己的意見與投票取向（Lazarsfeld, Bernard, and Gaudet, 1944）。

故本研究欲採取社會學研究途徑，探究金門選民在 2018 年金門縣五合一選舉中之投票行為，藉此說明選民個人的居住地區、所參與的社會團體以及政黨傾向，是否會影響選民的投票抉擇。

貳、研究方法

由於本論文主題具地方性，為豐富內容深度與廣度，綜合質性研究與量性研究進行相關主題之探索調查。本研究首先採取「文獻分析法」、「個案分析法」及「票櫃分析法」，蒐集與整理金門地方宗族勢力對於選舉之影響因素，後根據上述研究結果使用「深度訪談法」，訪談並觀察地方宗族勢力與選舉的相互影響關係，藉此驗證本研究之質性結果。

一、文獻分析法

文獻分析（Literature Analysis）是將某研究主題就目前學術界之成果加以研究，並客觀且有系統地界定、評鑑以及綜括證明的一種方法。主要目的是整合某特定領域中已被思考及研究過的資訊，是社會科學研究中常廣泛運用的間接研究方法，此分析法可幫助研究者瞭解過去、解釋現在與推測未來，並有助於撙節研究經費及研究成果的形成（葉至誠、葉立誠，2001；朱浤源，2000；陳怡如，2003）。

本研究以文獻分析作為間接研究方法，進行文獻回顧及建構理論架構時，透過蒐集國內外相關書籍、論文、期刊、政府研究以及網路資訊獲取所需資料，此方法不僅有利於書寫，也有助於釐清本研究之背景事實、理論發展狀況、研究具體方向、並擬定適當研究設計方式，並針對文獻內容作一客觀而有系統地描述。

利用文獻分析法有助本研究理解金門地區的宗親會是否對選舉有足夠的影響力，並對歷史文獻至現今資料的蒐集與整理有更確切瞭解，進而深入探討其影響因素。透過現存資料的分析，瞭解其對選舉之影響力，並進一步藉由此分析法證明本研究之假設及研究結果。

二、個案分析法

個案分析法是以經驗為主的調查方法，藉由深入研究當前社會現象與真實生活，以取得所需資料，經常被使用在實際現象與社會脈絡不容易區分的情況。個案分析法常用於處理特殊事件，在研究的個案中，許多「變數」皆為研究者欲分析之項目，故需仰賴不同來源的資料加以證明，進而得出結果。若得出之結論呈現一致性，便可發展理論雛形，並引導後續資料的蒐集與分析方向。此分析法適用於尚未有學者研究的議題，且適合探索性的研究，為了研究假設與命題之完整性，個案資料的來源應該經過多重資料之蒐集而獲得。

本研究採用個案分析法是為了獲得金門地方宗親勢力的相關資訊，以及瞭解宗親勢力如何動用其力量影響地方選舉。但目前針對本研究主題之歷史資料尚未有詳盡分析，因此本研究擬透過次級資料以及深度訪談，蒐集相關資訊以實證本研究探討之假設。

三、票櫃分析法

地方宗族派系和地方選舉有著密切的關聯是無庸置疑的事實，對宗族地方派系而言，選舉是整合其平時所擁有宗族、血緣關係網路及地方勢力的一種行動過程，更是決定其能否掌握地方有限政經資源和決定何姓宗族出頭的關鍵，因此，選舉時各地方宗族派系無不卯足全力，透過各種手段左右選情（徐偉閔，2005）。

近年來，根據金門歷屆縣長選舉結果顯示，宗親會具有一定程度的影響力。因此，藉由今（2018）年縣長選舉結果，透過以鄉鎮為單位的票櫃分析法所得到的百分比數據，用來觀察金門各地區現階段的開票情形，分析該地區所開出的多數票是否與該地宗親會所支持候選人相符，並比較先前歷屆金門縣長各地區選舉結果，進而推斷出各宗親會在其地區的影響力是否上升或下降，或者透過以數據的方式呈現不同宗親會之間的結盟行為，以瞭解現今宗親會的分布現況與結盟狀況，也能推測其未來之發展趨勢。

從金門歷屆縣長選舉中，透過各鄉鎮票匭以及中央選舉委員會、金門縣選舉委員會選舉時等資料，試算分析各單姓村宗族支持投票與該宗親候選人之投

票數與投票率，占該村投票率在百分之五十以上的選舉地盤比率，即可推斷該村宗族因素為影響縣長選舉的投票行為。基於宗族情結而投票予同姓候選人的選舉行為，是否確實與該姓氏之縣長候選人之得票數比率相關？再根據資料分析推斷金門歷屆選舉縣長地當選與否，與宗親因素的地方選舉地盤支持與否是有絕對的相關？

四、深度訪談法

深度訪談法是質性研究之資料蒐集方法之一。基本上，訪談法是研究者運用口語敘述的形式，針對特定對象蒐集相關資料，以便對研究的現象或行動有全面性的瞭解。在自然情形下，研究者與被研究者透過雙向溝通的互動過程，蒐集有關口語與非口語的訊息，以便深入理解研究的對象（潘淑滿，2003）。

藉由深度訪談法，使本研究得以深入掌握問題脈絡，瞭解宗族勢力對於金門選舉生態的真正影響，亦可藉由訪談來驗證研究主題之思考邏輯並加以修正。此外，深度訪談還可針對某一特定議題、事件或典故，訪問不同立場的地方人士，經過研究者整理、比對、查證後，期能獲致研究問題之客觀真相，而不致於受到特定對象之誤導（徐芳玉，2001）。

本研究將採深度訪談法進行質化調查，所謂訪談是指二個人以上的交談，其要件是至少有一位以上的訪談人，以及一位以上的受訪者。訪談人透過語言溝通來獲取受訪者的某些訊息，即如同對話一樣，在提話與回答的互動過程中，用來收集訪談人所需要的資訊。實際上，訪談是一種收集資訊的工具，如果能經由適當的控制與安排，訪談人就能夠探詢對方的想法，得到所想要的答案。此外，訪談可以是正式的，也可以是非正式的，可以經由非標準、非結構化或開放式問題的探索，由外圍逐步切入主題的核心，也可以透過標準、結構化或封閉式的問題，來探討比較成熟的議題。根據文崇一的定義，深度訪談指的是希望透過訪談取得一些重要因素，而這些重要因素並非單純用面對面式的普通訪談就能得到結果。

深度訪談有別於單純訪談，深度訪談目的在於透析訪談的真正內幕、真實意涵、影響衝突、未來發展以及解決之道。而根據訪問中訪問者與被訪問者的

交流方式，可分為直接訪問和間接訪問，前者是訪問雙方面對面的交談，後者則是透過電話進行的交談。根據一次被訪問的人數，訪問又可分為個別訪問與集體訪問。目前社會研究中廣泛採用的是按照對訪問過的控制程度進行的分類，按照這一分類方式，訪問分為結構式與無結構式訪談和半結構式訪談。其中，所謂「半結構式訪談（Semi structured Interviews）」又稱為「半標準化的訪談（Semi standardized Interviews）」或「引導式的訪談（Guided Interviews）」。採用半結構式訪談研究者在訪談進行之前，必須根據研究的問題與目的，設計訪談的大綱，作為訪談指引方針。由於半結構式訪談在題目的設計上較為簡略，題目的設計並不在於詳細與精確，題目僅作為架構進行對訪談者的引導，試圖引導訪談者進行更深入的補充與感受的分享。並且在進行過程，訪談者可自行依受訪者情況做題目順序的調整，故被稱介於結構式與非結構式的訪談之間的一種資料收集方式。半結構式訪談的優點在於，訪談的問題架構雖相同，但由於保留給受訪者在回答上的彈性，因此，訪談所得的內容也會有所不同，在結果的呈現上也更具豐富與深入，適合對於資料收集進行補充。

　　本研究之訪談對象皆具有代表性，故以金門縣宗親會與地方政治人物為主，針對在宗親會中擔任要職且服務於政界的政治人物，本研究規劃將進行21位受訪者之深度訪談，其訪談對象可分為三類：

（一）宗親會幹部：現任或曾任於各大宗親會之要職者，譬如：總幹事、理監事。

（二）縣議員：現任或曾任金門縣縣議員之民意代表人物。

（三）鄉鎮村里長：現任或曾任金門縣鄉鎮村里長之政治人物。

　　以上受訪者不是參與選舉，就是具有豐富的選戰經驗，比一般人更瞭解選舉實際情況和內情，希望能從中獲得客觀意見，並藉此提升本研究之豐富性。並歸納分析在金門縣特殊的宗親政治對地方選舉之影響力，訪談名單參見表1-2-1。

表 1-2-1 深度訪談受訪者名單一覽表

編號	代碼	單位	現任或曾任職務
1	A1	國民黨黨部	選舉操盤手
2	B1	金門縣陳氏宗親會	理事
3	B2	金門縣蔡氏宗親會	理事
4	B3	金門縣李氏宗親會	會員
5	C1	旅臺同鄉會	理事長
6	D1	福建省政府	高階公務員
7	E1	金門縣議會	第六屆議員（第一選區）
8	E2	金門縣議會	第六屆議員（第三選區）
9	E3	金門縣議會	第六屆議員（第二選區）
10	E4	金寧鄉民代表會	主席
11	E5	金寧鄉盤山村	村長候選人
12	F1	縣長	候選人
13	F2	縣長	候選人
14	F3	縣長	候選人
15	F4	第七屆縣議員	第七屆縣議員候選人（第一選區）
16	F5	金沙鎮	鎮長候選人
17	F6	金城鎮	鎮長候選人
18	F7	金城鎮北門里	里長候選人

編號	代碼	單位	現任或曾任職務
19	G1	金寧鄉	縣議員候選人
20	G2	國民黨黨部	縣長競選總部資深幹部
21	G3	金城鎮	縣長候選人樁腳

資料來源：本研究自行繪製。

　　訪談的主要進行方式為事先和受訪者聯繫，並告知研究主題及訪問目的，取得受訪者同意後，依照約定時間前往受訪者指定地點進行訪談，如：辦公室或受訪者之住家。訪問前將事先徵得受訪者同意，再以錄音方式記錄；若受訪者不同意，則改以紙筆記錄。訪談結束後，將以逐字稿呈現訪談內容，並依此釐清本研究之脈絡，增加本研究完整性。

本研究深入訪談問題大綱如下：

1. 請問您在宗親會的職務為何？參與度如何呢？宗親會運作方式（如定期開會）？請問金門哪幾個宗親會較具有影響力？
2. 隨著社會變遷，參與宗親會之成員的年齡層是否逐漸上升或下降？金門的宗親會凝聚力是上升或下降的趨勢？是否將隨著金門的日益開放而逐漸瓦解宗親會勢力？
3. 宗親會是否有候選人推舉機制？請問您認同此種作法嗎？如果同一宗親會中有二個以上的候選人競選，如何處理？
4. 金門選舉中，除了縣長選舉外，其餘層級選舉是否也會動員宗親政治勢力？請問金門宗親會如何動員其選民？
5. 請問在今年年底縣長大選中影響最大的因素為何者（宗親、政黨、職業團體、候選人政見、個人特質）？
6. 請問您對於本次縣長選舉的局勢有何看法？
7. 請問您認為宗親會對金門民主政治長遠發展為何？

五、出口問卷調查法

　　出口問卷調查法（Exit Poll）一般稱為出口民調，係指在選舉進行期間，

由民意調查員於投票所出口，訪問剛完成投票之選民其投票意向的民意調查。主要目的是為分析與解讀選民的投票行為，且即時瞭解選舉形勢。在許多國家或地區的學者與學術組織，皆會以此研究方法對該地區進行選舉分析，而該研究方法在香港歷屆立法會選舉中，皆被香港大學民意研究計劃所採用，在學界具有一定研究價值與理論依據。此研究方法能讓研究者知道選民投票的趨勢與意向，進而對選舉結果能有一定認知與判斷。

本研究採用出口問卷調查法是為了能掌握即時的投票趨勢，藉由問卷的內容設計我們可以瞭解到選民本身參與宗親會的投入程度、宗親會對於地方各階層選舉之影響力大小，以及會驅使自身投票的因素為何。本研究針對金門 76 各投開票所進行出口問卷調查，共蒐集 629 份以上之問卷，各投開票所問卷回收數可見表 1-2-2。並對問卷結果做描述性分析（表 1-2-3）與交叉比對分析（附錄七），用此數據分析選民的投票行為與宗親會影響力之關聯。自 1993 年金門地方選舉開始學術界幾乎沒有對金門地區做過出口問卷調查，因此本研究擬以 2018 年金門五合一大選做出口問卷調查，藉此分析即時選舉形勢並以此分析數據與選舉結果做比較與論述。

本研究出口問卷題目如下：

1. 請問您戶籍設在金門的哪個地區？
   □(1)金城鎮　□(2)金湖鎮　□(3)金沙鎮　□(4)金寧鄉　□(5)烈嶼鄉
2. 請問您的姓氏為何？_____
3. 請問您的性別為何？□(1)男　□(2)女
4. 請問您的年齡為？
   □(1)20-29 歲　□(2)30-39 歲　□(3)40-49 歲　□(4)50-59 歲　□(5)60 歲以上
5. 請問您是否有參與宗親會之活動(例如：宗廟祭祀、吃頭、宗族聯誼等等)？
   □(1)是　□(2)否

6. 請問您的親朋好友是否有參與宗親會的活動？
   □(1)是　□(2)否　□(3)不知道

7. 請問您認為宗親會對於「縣長」選舉有沒有影響力？
   □(1)非常有影響力　　　□(2)有些影響力　　　□(3)不太有影響力
   □(4)完全沒有影響力　　□(5)不知道或不一定

8. 請問您認為宗親會對於「議員」選舉之影響力為何？
   □(1)非常有影響力　　　□(2)有些影響力　　　□(3)不太有影響力
   □(4)完全沒有影響力　　□(5)不知道或不一定

9. 請問您認為宗親會對於「鄉鎮長」選舉之影響力為何？
   □(1)非常有影響力　　　□(2)有些影響力　　　□(3)不太有影響力
   □(4)完全沒有影響力　　□(5)不知道或不一定

10. 請問您認為宗親會對於「鄉鎮民代表」選舉之影響力為何？
    □(1)非常有影響力　　　□(2)有些影響力　　　□(3)不太有影響力
    □(4)完全沒有影響力　　□(5)不知道或不一定

11. 請問您認為宗親會對於「村里長」選舉之影響力為何？
    □(1)非常有影響力　　　□(2)有些影響力　　　□(3)不太有影響力
    □(4)完全沒有影響力　　□(5)不知道或不一定

12. 請問您是否會支持宗親會所推舉的候選人？
    □(1)是　　　　□(2)否　　　　□(3)不一定

13. 請問您認為在今年的縣長選舉中，影響您投票最主要的因素為何？(複選最
    多 3 項)
    □(1)政黨傾向　　　□(2)候選人經驗　　　□(3)候選人政見
    □(4)候選人形象　　□(5)因為是同宗族的關係　□(6)接受過候選人的協助
    □(7)親朋好友的拜託　　　□(8)其他＿＿＿＿＿＿＿＿

表 1-2- 2　金門縣投開票所問卷回收數一覽表

編號	設置地點	選舉人里鄉別	回收問卷數
0001	王氏宗祠	東門里 1-13	7
0002	東門里活動中心 (東門代天府廣場旁)	東門里 14-21	12
0003	金門縣長青會	東門里 22-31	0
0004	金城國中體育館	南門里 1-20	11
0005	南門里辦公處	南門里 21-33	13
0006	西南門里辦公處會議室	南門里 34-39	12
0007	中正國小 104 教室	西門里 1-15	13
0008	中正國小 105 教室	西門里 16-22	13
0009	中正國小 107 教室	西門里 23-28	13
0010	中正國小 406 教室	西門里 29,35-38	13
0011	中正國小 307 教室	西門里 39-46	14
0012	鳳翔社區活動中心	西門里 30-34	14
0013	傅錫琪紀念館	北門里 1-17	14
0014	浯江書院	北門里 18-28	15
0015	賢庵里辦公處	賢庵里 1-5,19-25	10
0016	賢庵國小自然教室	賢庵里 6-18	13
0017	金水里辦公處	金水里全里	10

編號	設置地點	選舉人里鄰別	回收問卷數
0018	金門城活動中心	古城里 1-14	4
0019	古城里辦公處	古城里 15-26	4
0020	珠沙里辦公處	珠沙里 1-13，16-17	0
0021	和平社區活動中心	珠沙里 14-15，18-21	0
		總計回收問卷數	205
0022	古寧國小(大禮堂)	古寧村 1-9,24-28	9
0023	古寧村辦公處	古寧村 10-23	6
0024	安美村辦公處	安美村 7-14	5
0025	莊氏家廟	安美村 1-6	5
0026	東堡楊氏家廟	安美村 15-25	5
0027	湖埔村辦公處	湖埔村 1-3,8-17	10
0028	湖峰社區活動中心	湖埔村 4-7,31	7
0029	埔後陳氏家廟	湖埔村 21-24,27-29	8
0030	下埔下老人休閒中心	湖埔村 18-20,25-26,30	7
0031	榜林村辦公處	榜林村 1-8,12-13	5
0032	垵湖分校(102班202班教室)	榜林村 9-11,14-21	6
0033	國礎國小教室	榜林村 22-30	5
0034	盤山村辦公處	盤山村 1-8	7
0035	金鼎國小(201班202班教室)	盤山村 9-17	10

編號	設置地點	選舉人里鄰別	回收問卷數
0036	金鼎國小活動中心	盤山村 23-26	10
0037	金鼎國小(301 班 302 班教室)	盤山村 18-22	10
0038	后盤村辦公處	后盤村全村	7
		總計回收問卷數	129
0039	林湖村辦公處	林湖村 1-11	7
0040	羅厝社區活動中心	林湖村 12-23	7
0041	黃埔村辦公處	黃埔村全村	6
0042	西口村辦公處	西口村 1-10,20,21	6
0043	東坑社區活動中心	西口村 11-19	5
0044	上林村辦公處	上林村全村	5
0045	上岐村(新)辦公處	上岐村 1-12	7
0046	上岐村(舊)辦公處	上岐村 13-27	6
		總計回收問卷數	49
0049	新市里辦公處	新市里 1-10	7
0050	新市里舊鎮公所	新市里 11-21	9
0051	金湖國小(601 教室)	新市里 22-29	7
0052	山外社區發展協會	山外里 1-8,18-20	9
0053	下莊社區活動中心	山外里 9-17	5
0054	溪湖里辦公處	溪湖里全里	8

編號	設置地點	選舉人里鄰別	回收問卷數
0055	蓮庵里辦公處	蓮庵里全里	7
0056	料羅灣社區活動中心	料羅里全里	7
0057	湖前社區活動中心	新湖里 1-5,24	7
0058	新湖里辦公處	新湖里 11,19-23,25-26	7
0059	湖前二營區(會議室)	新湖里 12-18	7
0060	塔后社區活動中心	新湖里 10,27-29	8
0061	原塔后超市	新湖里 6-9,30-31	7
0062	正義里辦公處	正義里 14-19	6
0063	正義國小(活動中心)	正義里 1-13	8
0064	瓊林里辦公處	瓊林里 1-10	9
0065	瓊林民防館	瓊林里 11-22	11
		總計回收問卷數	129
0066	金沙國小教室	汶沙里 1-10	9
0067	汶沙里民活動中心	汶沙里 14-19	6
0067	汶沙里民活動中心	汶沙里 23-24	6
0068	金沙國中教室	汶沙里 11-13	7
0068	金沙國中教室	汶沙里 20-22	8
0068	金沙國中教室	汶沙里 25-28	7
0069	何斗里民活動中心	何斗里全里	10

編號	設置地點	選舉人里鄉別	回收問卷數
0070	浦山里民活動中心	浦山里 1-10	6
0070	浦山里民活動中心	浦山里 21	6
0071	后宅社區活動中心	浦山里 11-20	6
0072	西園里民活動中心	西園里全里	7
0073	官澳楊氏八祖家廟	官嶼里 1-6	5
0074	官嶼里民活動中心	官嶼里 7-11	5
0075	三山里民活動中心	三山里全里	8
0076	大洋里民活動中心	大洋里全里	7
0077	光前里民活動中心	光前里 1-11	6
0078	太武社區活動中心	光前里 12-21	5
		總計回收問卷數	**109**
		五鄉鎮總計回收	**629**

※編號 47 為大坵村活動中心，48 為小坵村活動中心，本調查未包含烏坵鄉。

表 1-2-3　出口問卷描述性分析表

1.請問您戶籍設在金門的哪個地區？					
		個數	百分比	有效百分比	累積百分比
有效的	金城鎮	221	35.1	35.1	35.1
	金湖鎮	134	21.3	21.3	56.4
	金沙鎮	107	17.0	17.0	73.4

		次數	百分比	有效百分比	累積百分比
	金寧鄉	120	19.1	19.1	92.5
	烈嶼鄉	47	7.5	7.5	100.0
	總和	629	100.0	100.0	
2.請問您的姓氏為何？					
		次數	百分比	有效百分比	累積百分比
	陳	75	11.9	12.0	12.0
	李	57	9.1	9.1	21.2
	黃	48	7.6	7.7	28.9
	許	38	6.0	6.1	35.0
	楊	37	5.9	5.9	40.9
	林	37	5.9	5.9	46.9
	張	33	5.2	5.3	52.2
	蔡	26	4.1	4.2	56.3
	吳	24	3.8	3.9	60.2
	王	22	3.5	3.5	63.7
	洪	22	3.5	3.5	67.3
	翁	22	3.5	3.5	70.8
	呂	17	2.7	2.7	73.5
	鄭	12	1.9	1.9	75.4
	莊	11	1.7	1.8	77.2

盧	7	1.1	1.1	78.3
劉	7	1.1	1.1	79.5
謝	7	1.1	1.1	80.6
葉	6	1.0	1.0	81.5
何	6	1.0	1.0	82.5
周	6	1.0	1.0	83.5
董	5	.8	.8	84.3
薛	5	.8	.8	85.1
徐	4	.6	.6	85.7
賴	4	.6	.6	86.4
顏	3	.5	.5	86.8
石	3	.5	.5	87.3
郭	3	.5	.5	87.8
余	3	.5	.5	88.3
曾	3	.5	.5	88.8
蕭	3	.5	.5	89.2
鍾	3	.5	.5	89.7
蘇	3	.5	.5	90.2
邱	3	.5	.5	90.7
羅	3	.5	.5	91.2

	潘	3	.5	.5	91.7
	方	3	.5	.5	92.1
	柯	2	.3	.3	92.5
	江	2	.3	.3	92.8
	歐陽	2	.3	.3	93.1
	范	2	.3	.3	93.4
	杜	2	.3	.3	93.7
	歐	2	.3	.3	94.1
	戴	2	.3	.3	94.4
	顧	1	.2	.2	94.5
	田	1	.2	.2	94.7
	鄧	1	.2	.2	94.9
	倪	1	.2	.2	95.0
	邵	1	.2	.2	95.2
	唐	1	.2	.2	95.3
	姚	1	.2	.2	95.5
	厲	1	.2	.2	95.7
	酈	1	.2	.2	95.8
	侯	1	.2	.2	96.0
	阮	1	.2	.2	96.1

成	1	.2	.2	96.3
游	1	.2	.2	96.5
伊	1	.2	.2	96.6
聶	1	.2	.2	96.8
廖	1	.2	.2	97.0
戎	1	.2	.2	97.1
馬	1	.2	.2	97.3
魏	1	.2	.2	97.4
俞	1	.2	.2	97.6
舒	1	.2	.2	97.8
朱	1	.2	.2	97.9
湯	1	.2	.2	98.1
高	1	.2	.2	98.2
簡	1	.2	.2	98.4
雄	1	.2	.2	98.6
藍	1	.2	.2	98.7
萬	1	.2	.2	98.9
梁	1	.2	.2	99.0
康	1	.2	.2	99.2
章	1	.2	.2	99.4

		卓	1	.2	.2	99.5
		孫	1	.2	.2	99.7
		施	1	.2	.2	99.8
		馮	1	.2	.2	100.0
		總和	623	99.0	100.0	
遺漏值	系統界定的遺漏		6	1.0		
	總和		629	100.0		

3.請問您的性別為何？

		次數	百分比	有效百分比	累積百分比
有效的	男	352	56.0	58.3	58.3
	女	252	40.1	41.7	100.0
	總和	604	96.0	100.0	
遺漏值	系統界定的遺漏	25	4.0		
	總和	629	100.0		

4.請問您的年齡為何？

		次數	百分比	有效百分比	累積百分比
有效的	20-29 歲	129	20.5	20.6	20.6
	30-39 歲	114	18.1	18.2	38.8
	40-49 歲	92	14.6	14.7	53.4
	50-59 歲	135	21.5	21.5	75.0

	60 歲以上	157	25.0	25.0	100.0
	總和	627	99.7	100.0	
遺漏值	系統界定的遺漏	2	.3		
	總和	629	100.0		

5.請問您是否有參與宗親會之活動？(例如：宗廟祭祀、吃頭、宗族聯誼等)

		次數	百分比	有效百分比	累積百分比
有效的	是	258	41.0	41.0	41.0
	否	371	59.0	59.0	100.0
	總和	629	100.0	100.0	

6.請問您的親朋好友是否有參與宗親會活動？

		次數	百分比	有效百分比	累積百分比
有效的	是	449	71.4	71.6	71.6
	否	108	17.2	17.2	88.8
	不知道	70	11.1	11.2	100.0
	總和	627	99.7	100.0	
遺漏值	系統界定的遺漏	2	.3		
	總和	629	100.0		

7.請問您認為宗親會對於「縣長」選舉有沒有影響力？

		次數	百分比	有效百分比	累積百分比
有效的	完全沒有影響力	15	2.4	2.4	2.4

		次數	百分比	有效百分比	累積百分比
	不太有影響力	47	7.5	7.5	9.9
	有些影響力	271	43.1	43.1	52.9
	非常有影響力	213	33.9	33.9	86.8
	不知道或不一定	83	13.2	13.2	100.0
	總和	629	100.0	100.0	

8.請問您認為宗親會對於「議員」選舉之影響力為何？

		次數	百分比	有效百分比	累積百分比
有效的	完全沒有影響力	32	5.1	5.1	5.1
	不太有影響力	94	14.9	14.9	20.0
	有些影響力	274	43.6	43.6	63.6
	非常有影響力	135	21.5	21.5	85.1
	不知道或不一定	94	14.9	14.9	100.0
	總和	629	100.0	100.0	

9.請問您認為宗親會對於「鄉鎮長」選舉之影響力為何？

		次數	百分比	有效百分比	累積百分比
有效的	完全沒有影響力	29	4.6	4.6	4.6
	不太有影響力	63	10.0	10.0	14.6
	有些影響力	289	45.9	45.9	60.6
	非常有影響力	164	26.1	26.1	86.6
	不知道或不一定	84	13.4	13.4	100.0

	總和	629	100.0	100.0	

10.請問您認為宗親會對於「鄉鎮民代表」選舉之影響力為何？

		次數	百分比	有效百分比	累積百分比
有效的	完全沒有影響力	38	6.0	6.0	6.0
	不太有影響力	107	17.0	17.0	23.1
	有些影響力	257	40.9	40.9	63.9
	非常有影響力	142	22.6	22.6	86.5
	不知道或不一定	85	13.5	13.5	100.0
	總和	629	100.0	100.0	

11.您認為宗親會對於「村里長」選舉之影響力為何？

		次數	百分比	有效百分比	累積百分比
有效的	完全沒有影響力	43	6.8	6.8	6.8
	不太有影響力	95	15.1	15.1	21.9
	有些影響力	228	36.2	36.2	58.2
	非常有影響力	181	28.8	28.8	87.0
	不知道或不一定	82	13.0	13.0	100.0
	總和	629	100.0	100.0	

12.您是否會支持宗親會所推薦的候選人？

		次數	百分比	有效百分比	累積百分比
有效的	是	153	24.3	24.6	24.6

	否	139	22.1	22.3	46.9
	不一定	331	52.6	53.1	100.0
	總和	623	99.0	100.0	
遺漏值	系統界定的遺漏	6	1.0		
	總和	629	100.0		

13.請問您認為在今年縣長選舉中影響您投票最主要的因素為何？(可複選 3 項)

因素	次數
政黨傾向	92
候選人經驗	253
候選人政見	371
候選人形象	345
因為是同宗族關係	65
接受過候選人的協助	46
親朋好友的拜託	107
其他	56

第三節　研究架構與研究流程

壹、研究架構

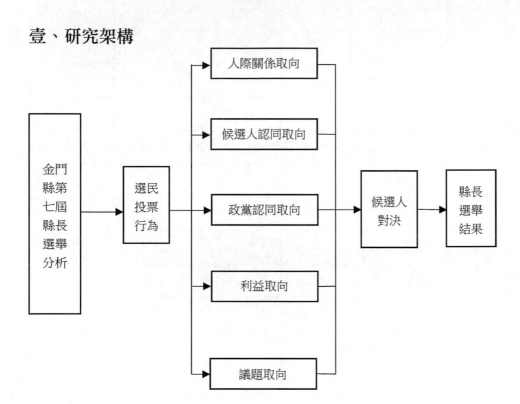

圖 1-3- 1　研究架構圖

本研究自行繪製

貳、研究流程

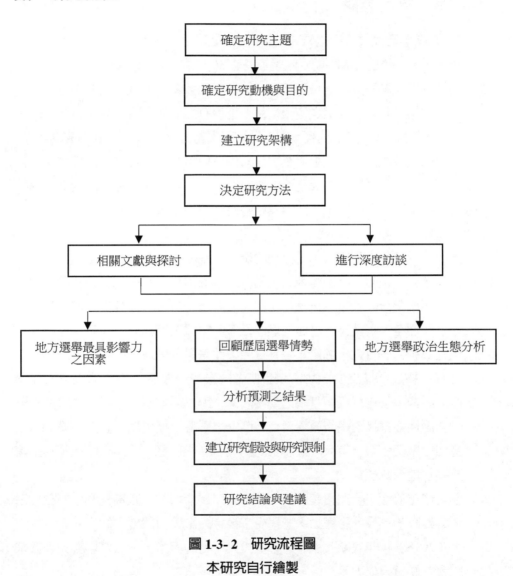

圖 1-3- 2　研究流程圖

本研究自行繪製

第四節　研究假設

在 1949 年國民政府撤退來臺，由於金門戰略地位之重要，因此成為了兩岸冷戰最前線。金門在戒嚴時期中經歷了長達 36 年的軍管歷史背景，在國民政府長期的控管下，國民黨在此根深柢固。加上金門多為第三代以後的外省人，已失去了當初第一代對於反共之復國情懷，也沒有對於統一或是臺獨有強烈的使命感，對於臺灣有些距離感，且多數人以金門人為自稱，並非自稱作「臺灣人」。且金門地處位置距離對岸之近，金門人積極地與對岸進行經濟上的貿易往來，而金門人與臺獨意識強烈的民進黨的思想相左，導致民進黨在金門的支持率相當低落，綜上所述之因素，金門選舉中國民黨總是佔大多票數，這也是為什麼金門被稱作為「藍營的鐵票區」之原因。

然而，除了政黨的因素影響金門的選舉，宗親更是其中一大主因。金門早期為移民社會，這使得金門當地居民具有濃厚的宗親意識，加上金門縣五個鄉鎮的行政區域劃分，都是由自然村所構成。而這些自然村以姓氏宗族聚落為主體，並以一個至多個姓氏族群居住形成聚落。根據金門縣政府民政單位統計，金門現有宗祠約一百六十餘座，是為臺灣各姓宗祠密度最高的縣市。宗祠的存在著記錄宗族血緣歷史的族譜，這也使金門形成一股強大宗族的人際關係網絡，成為影響金門選民投票行為之重要因素。所以，本研究即以金門縣為主題分析，全面性觀察探究宗親政治對地方選舉之影響。提出以下研究假設：

1. 金門地區個宗親會有大小姓聯合的動機，為一個穩定的結盟關係，其基礎建立在地緣關係。
2. 在全球化浪潮下金門日趨開放，外來人口逐漸增加，逐漸瓦解金門在地宗親會對政治選舉的影響力，選民受宗親會的影響力隨之式微。
3. 今（2018）年年底縣長選舉，影響投票行為的因素中，政黨影響力大於宗親會、候選人能力及政見。

第二章　文獻回顧

第一節　金門民主化後的地方政治

壹、金門縣地方自治的演進

從有紀錄開始以來，有蘇、陳、吳、蔡、呂、顏等六姓在晉朝時因五胡亂華而逃難到金門；唐代時有蔡、許、翁、李、張、黃、王、呂、劉、洪、林、蕭等十二姓，跟隨牧馬監而遷徙至金門，此時金門也開始屬於中國大陸的領土，金門當地的地方自治也隨其演變（李仕德，2009）。然而，在 1945 年，國民政府退守臺澎金馬，以金門為防守的第一要塞，因此金門便開始進入軍管時期，一切皆以軍務視為首要之務，各項公職人員選舉停止辦理，這也導致金門的地方自治開始倒退。

1953 年結束軍管制度，金門縣政府恢復建制，改實施軍政一元化的戰地政務體制。1956 年在強化前線防禦的考量下，開始實施軍政一體化的戰地政務體制，成立金門政務委員會，金門縣政府隸屬政委會指揮監督。1991 年，隨著兩岸關係漸趨和緩，李登輝總統宣告結束中華民國動員戡亂時期，金門戰地政務委員會裁撤，金門回歸民主憲政，地方開始自治快速發展。[1]

金門地區自 1956 年起實施長達 36 年的戰地政務，但在這期間有於 1966年在金城鎮試行村（里）長與鎮長選舉。一直到 1971 年始恢復舉辦鄉鎮民代表、鄉鎮長及村里長等地方公職人員選舉，並配合辦理中央增額民意代表選舉。在1990 年選出第一屆民選縣諮詢代表，負責審查縣政預算、議案及監督縣政施政。並在戰地政務終止之後，實施民選縣長、縣議員，設置鄉鎮民代表會，金

---

[1]　金門縣政府(2017 年 08 月 28 日)，認識金門：縣治沿革。2018 年 12 月 01 日，取自 https://www.kinmen. gov.tw/cp.aspx?n=22F39676C32D22F8#a6

門自此展開全面的地方自治。[2]

　　金門在地方自治的發展進程中,是個相當傳統且保守的地區,實施戰地政務的戒嚴體制長達 36 年之久(張火木,1996)。在此影響下,金門的政治民主化的進程乃遠落後於臺灣本島:其選舉都為「控制型」的同額競選,基本上選民實際上沒有太多的選擇權(何思因,1994:39)。然而,代表地方自治最核心的縣長與縣議員選舉,也遲至 1993 年以後才開始第一屆。由此可見金門地方自治發展起步之晚,要追上臺灣地方自治發展的進程仍需一段時日。

貳、政黨對金門選舉之影響

　　在國民黨一黨獨大時,臺灣的選舉是處於威權時代,基本上屬於控制型的選舉,由於缺乏制度化的方式來進行政黨輪替,難有反對黨的聲音出現,事實上選民並沒有太大的選擇權。在國民政府撤退來臺後,由國民黨長期執政,又在金門實施軍管時期,掌控黨、政、軍大權合一,因此早期在金門所舉辦的各項公職選舉都有濃厚的執政黨色彩(陳建民、李能慧、呂怡艷,2005)。直到動員戡亂時期的宣告終止,地方自治終於開展,當地民眾的思維開始與時俱進,外來人口也陸續進入金門,該地區的選民結構及投票行為也開始有所變化,促使金門邁向實施地方自治常軌的新時代。

　　1992 年金門解除戰地政務,開始政治民主化,選舉從過去單一政黨同額競選的「控制型」選舉,過渡到「挑戰型」選舉,不再受威權政黨的影響下,多人開始角逐競選名額,選民能有更多的選擇,開始展現選舉「選賢與能」的重要功能,直到 2000 年總統大選,第一次的政黨輪替出現,新的政黨政治架構被建立,其他各地的地方政治生態也受其影響,此顯示了「競爭型」選舉宣告確立(張世熒、許金土,2004)。

　　在政治民主化的社會中會以定期的選舉的方式,來產生或改進政黨的運作,而受到選民投票支持的政黨,代表說其能滿足選民的需求,在某方面受到

---

[2]　金門縣政府(2017 年 08 月 28 日),認識金門:地方自治。2018 年 12 月 01 日,取自 https://www.kinmen.gov.tw/cp.aspx?n=22F39676C32D22F8#a6

選民的青睞，才能獲得選票（徐火炎，2002）。其實政黨一直是選民投票行為的因素之一，其中關於政黨認同更是影響選民投票的關鍵（吳乃德，1999）。政黨認同形成的原因是一種「政治社會化」的過程，一個人從社會環境中不斷地接收到對某個政黨偏好或認同的資訊，時間一久就會有政黨認同感。而此政黨認同會隨著年齡的增長，而加強對這個政黨的認同（吳重禮、許文賓，2003）。1950 至 1980 年代，在金門居民因地處前線，加上實施軍管時期的影響下，政黨認同普遍傾向國民黨，金門甚至被稱為藍營的「鐵票區」，因此政黨成為影響金門選舉因素之一。因此，在探討金門選民的投票行為時，政黨的因素是值得進行深入探討。

國民黨在國共內戰時期大量資源的投入，使得其在金門的勢力深根茁壯，因此在金門擁有一定的支持度。根據林政緯、陳慧菁（2016）的研究中反映，歷任金門縣長選舉之結果，皆由泛藍政黨拿取得勝利。由此顯示，對於金門縣選民而言，政黨因素扮演著影響其決定投票行為的重要憑據。

參、金門宗親對選舉之影響

金門有居民記載之始，最早可追朔自晉元帝建武（公元 317 年），有蘇、陳、吳、蔡、呂、顏等六姓者逃居此地，迄今已一千六百餘年。中華民國國家公園學會（2009）在研究中表示，從最早移居的祖先開始，移民不斷的拓展其生活空間，在經過長時間的經濟、文化的發展後，逐漸形成聚落與宗族。而宗族通常是由許多同姓氏的成員共同組成，他們擁有共同祭祀祖先的祠堂，同時也有著記錄宗族血緣歷史的族譜及自己的土地。而金門五個鄉鎮的行政區域劃分，有許多村里的區劃，都是由自然村所構成，而這些自然村明顯以姓氏宗族聚落為主，且多為單姓村。而李錫祥（1996）在研究中表示，對於單姓村的定義是，通常是村落中最大姓的人口數占全村總人口的一半以上，而整個金門地區有四分之三的聚落是屬於單姓村，且各單姓村有清楚的系譜關係可尋。

金門至今仍保有傳統的宗族文化，在金門當地的人際關係與政治運作中，宗族依舊是的其重要因素，也因此金門有著以宗親為主的強大人際關係網絡（李

錫祥，1997）。張世熒、許金土（2004）指出，金門的宗族與聚落生活的密不可分，各姓氏的宗親會透過週期性的宗族集體活動，如祭祖、「吃祭頭」、或是婚喪喜慶等互助活動，來強化宗族意識與連結，而各姓氏宗親會在選舉時的宗親的動員，也屬於宗族意識的表現。

　　在戰地政務時期，金門的政治完全掌握與操縱在軍方手裡，此時的縣長皆為官派，王振漢（1997）表示，此時絕大多數的金門人是隱默無聲，宗族根本無法動員與運作，直到 1992 年解除戰地政務，回歸地方自治，1993 年第一屆金門縣縣長選舉，宗族派系才始彰顯。而金門的宗親力量影響金門的地方選舉，其民俗網路與椿腳網跟臺灣地方派系的運作網路有異曲同工之妙，但其複雜程度與密集度不敵臺灣的地方派系。

　　1993 年金門縣第一屆縣長選舉，共有陳水在、陳永財、李炷烽三人競逐，最後由當時官派的縣長陳水在，以第一高票 9,685 票當選。當時陳水在當選的主要因素除了國民黨提名參選與現任優勢，還有陳氏宗親的成功整合所致。而金門首次的縣長選舉具有指標性意義，是因其表現出金門兩大宗族陳氏與李氏的椿腳網絡足以影響大型選舉（陳建民、李能慧、呂怡艷，2005）。

　　張世熒、許金土（2004）觀察到，在金門的選舉中，「選舉地盤」大多出現在單姓聚落，而候選人的選舉地盤數與盤內的得票率愈高，則其當選的機會也愈大。若候選人與該單姓村會大姓村同姓，該候選人在此村落中的選票便會較高，反之，則候選人的得票數便不會出現高度集中的情形，而是呈現平均分散的狀況。從姓氏聚落與選舉得票數的間可看出其關聯性，而其相關性可歸納出宗族、姻親、地緣、結盟等四個關係取向模式，並成為候選人「核心地盤」的基礎，而候選人以各自的核心地盤為基礎，尋求結盟，增進實力，是選舉競爭中的主要戰略。但選民會以「候選人取向」來做為其選擇的最終解釋，若是候選人自身的形象與特質並不強烈，則其「核心地盤」就不會發揮出應有的影響力。

　　而陳宏義（2005）也表示，宗族認同可對金門選民的投票行為有明確的解釋力，而 1997 年的縣長選舉、1998 年立委的選舉以及 2001 年的縣長選舉都可

以佐證之，而當我們以經社背景來解釋宗族認同時，性別、年齡、教育程度及
職業都與宗族認同產生關連性。而在動員程度上，年齡層越高的人動員效果愈
好，而男性則比女性更容易動員。

在金門地方選舉中，候選人在最後的競爭階段都會呼籲宗親的團結，希望
能藉此鞏固票源，達到當選之目的，這也顯示「宗親因素」是影響金門選舉的
重要關鍵。對宗親會而言，地方選舉是整合平時所掌握的宗親團體以及人際關
係網絡的一種機會，更是決定其能否掌握地方政治資源的契機，並藉此讓其宗
親勢力能夠在金門地區獲得更大利益。

儘管金門至今仍屬於較保守傳統的封閉社會，但隨著民主化的發展與社會
的開放，加上金門的福利政策吸引不少的外來人口紛紛遷入。2000 年金門開放
小三通，隨之而來大量人口紛紛移入，除了小三通之外，林政緯、陳慧菁（2014）
認為大量的外移人口的原因還有下列三項，第一，國立金門技術學院升級為國
立金門大學，吸引許多學生前來就讀，而金門大學 3000 多名師生大多會將戶籍
遷至金門，成為金門的一份子。第二，許多企業也看見金門優越的地理位置與
未來的發展性，而進駐金門，進而使許多外來工作人口移入金門，如：昇恆昌
股份有限公司及台開金門風獅爺商店街。第三，金門的外籍配偶的人數具統計
已超過 2,500 人，成為金門的新興族群。金門近年來人口移入的顯著成長，新
的群體與文化的融入，讓金門的人口結構產生變化，外來人口稀釋了在地的宗
族文化，使金門宗親會的在選舉上的影響力不如從前，外來人口成為選舉中的
不確定因素，而都市化程度的提升、資訊的快速傳遞與教育的普及，社會文化
的變遷也影響金門的傳統宗族文化，對於金門的地方選舉也增添不少的變數。

第二節　地方派系與宗親會之連結

壹、臺灣地方派系之政治角色

臺灣地方派系在政治上的出現，是自 1946 年國民政府舉行首次地方選舉開

始，各地的仕紳階級和地方威望人士，紛紛藉由選舉投入政壇。而何謂地方派系？所謂派的意思是：「人、事或學術的分支系統。」而系則是：「有一定秩序或聯屬關係的整體或組織。」因此地方派系即是在某一地區，基於地緣與政治利益，具有秩序與聯屬結盟的政治團體。而這樣團體往往具有地域性、同質性、傳承性三個特徵，如臺中紅派（屯區）、高雄黑派（橋頭）等。

而學者陳明通（1995）對於地方派系的定義，認為它是地方人際網絡利用政權分配利益的準團體。亦即透過平時的社交活動與情感連結，找到政治理念相同的人之後，形成一非正式團體的型態，並積極投入選舉行列，再依民意取得權力之後，利用地方政權的資源和權力，分配給自己聯屬的群體。只要日子一久、時間越長，就會在該地區發展成為利益群體，而此一群體就是地方派系。但派系是一個難以用學術解釋的概念，因為他並不像其他政治組織（政黨、政團）一樣有登記立案，因此只能用準團體來解釋派系的存在型態。

學者趙永茂（1978）更進一步地闡述，在派系的概念當中，所有事務的決定和選擇，皆是圍繞在利害關係之上，且派系的也不會是檯面上的正式組織，往往是以一人為核心的領導模式，在各種活動上也相較於其他政治組織低調許多。學者高永光（2001）的觀點與趙永茂大致相同，但高永光更提到了派系之間除了利益交換之外，由於長期革命情感會產生群體的認同，派系中亦會強調人情、道義、認同和忠誠的情感面向，這也就不能解釋為何有些選區，有些政壇大老寧願冒著被開除黨籍的風險，也要替自己所支持的人站台，箇中緣故大多是長期派系的聯屬關係所致，因此在派系眼中黨籍往往是一塊招牌，但派系情感的連結和利益交換才是最真實的東西。

由上述學者的言論我們可以瞭解，地方派系的特殊性在於非正式性、一人領導和利益分配的準團體，並用其特殊的運作模式、在地方政權上與政黨政治分庭抗禮，而地方派系的存在，在過去政治甄補尚未成熟的臺灣社會，確實有達到為國舉才的功能，但承平日久許多問題也一一浮現。如學者黃德福（1990）所云：「地方派系儼然成為中央與地方政治運作過程中，強而有力且不可分割的一股力量。」因為自 1946 年臺灣實行地方自治以來，地方派系逐漸透過選舉

取得權力後，進而阻絕了政治新人的舞台，即使有新人進入大多也是與派系有所連結，長時間的政治壟斷，使得在地方參與政治必須要拉幫結派，否則難以進入地方政治圈子，而這股力量只要一大，都可能威脅中央政治與權力的分配。

　　而在解嚴之前的臺灣，地方派系再強大也有地域上的限制，加上臺灣當時屬於威權體制之下，大多數地方派系也必須要與國民黨配合，在政治上才不會處處掣肘，因此趙永茂（1978）歸納了過去臺灣地方派系的研究之後，指出臺灣地方派系的形成，大約有兩種形式。第一，是長期積累的人際網絡，加上了選舉的激盪所產生的派系。第二，是國民黨利用侍從結構（patron-clientele structure），所培養的新政治勢力，並藉此勢力鞏固自身統治基礎且與其他地方派系競合。

　　這樣的方式學者蔡明惠（1998）指出這是垂直結構，服務予侍者對地位高者有高度的忠誠和勞動，為的就是換取地位高者提供資源。此外，他還提出第三種型式是臺灣長期的社會歷史結構所致，因為過去的社會分歧，佐以政治社會的變化，地方派系才得以形成。這點學者林政緯（2004）認為是：「日據時期地主與佃農之間的恩庇侍從關係（Patron-Client Relationship）演變而來。」

　　臺灣地方派系的經典，必定是原臺中縣的紅派和黑派。在張秋絹（2012）的論文中有提及：「國民黨使用雙派系主義（bifactionalism）。在此策略之下，原臺中縣發展出紅派及黑派兩大政治勢力。」原臺中縣的紅派長老為林鶴年，曾任臺中縣第一、三、五屆市長，在市長任內培養了許多政治人物，如前總統府秘書長廖了以、前立法院長劉松藩等人。黑派掌門人為陳水潭，曾是臺中縣第二任縣長，麾下的前立委顏清標、前臺中縣長陳庚金也是臺灣政壇的要角人物，國民黨在臺中縣長期運用輪替提名的方式，達成平衡派系的目的，這種紅黑共治的情況，直到 1997 年才被民進黨的廖永來打破。而在王宏忠、楊凌竹、吳建忠（2016）的論文中也指出：「至今地方派系在臺中縣政治生態上仍扮演相當重要的角色。」

　　最後，王業立、蔡春木（2004）提到在許多研究者皆認為派系、非正式、因選舉而生的團體。在原臺中縣的紅黑共治，到第三勢力的興起，紅黑勢力的

消長，都讓我們見識了地方派系政治的詭譎多變。解除黨禁後的臺灣，讓地方派系不再只有國民黨與黨外的選項，地方派系開始進入多黨政治生態，而地方派系與政黨的競合，讓人難以捉摸的政治氛圍，皆是值得研究者們去觀察的。原臺中縣的紅黑勢力，仍是我們觀察臺中政治時要去格外關注的一環。

貳、金門地區宗親會之政治角色

Maurice Freedman（1971）認為宗族是宗親（clan）制度的一種變型，以公共的財產作為基礎，區別中國宗族與宗親兩者的不同，即一個單系繼嗣群（unilineal descent group）具有共同財產者為宗族，沒有共同財產者為宗親。張世熒、許金土（2004）觀察到，金門的民間社會保存「書群意識」的特質在宗族的「宗祠祭祀」活動之中。便可以藉由儀式與過程每年定期被強化或激化，使得族群式的投票傾向可能可以有效地維持不墜。血緣關係的人際網路投射到村落型態時，從總祠到支祠，再到每個家庭。因此同一氏族的人，即使受到很好的教育，也不敢公然違抗整體宗族表現。

趙永茂（1997）指出：「地方派系並無固定之正式組織與制度，其領導方式依賴個人政治、社會、經濟關係，其活動則採半公開方式而以選舉、議會等主要活動場域，並在此等政治場域中擴展其政治或社會關係勢力，具有在地方政治上決定選票、推薦人才、影響選舉與決策的功能。」更可從金門歷屆的選舉可以看出來，金門族群投票的型態的確有如趙永茂所定義「地方上的政治人物以地緣、血緣、宗族或社會關係為基礎，相互聯合以爭取地方政治權力」。

近年來，金門許多姓氏都組織「宗親會」，使原本的民間組織走向法制化且更具規模。由陳宏義（2005）研究可知，陳氏宗親會與李氏宗親會組織動員的概況。以陳氏宗親會來說，金門當地分十三股陳姓聚落，而這十三股就稱為小宗，共同遵從的對象就稱為大宗。小宗僅有設置代表，表達小宗的意見，其中比較大的聚落可推派六個代表、比較小的聚落可推派三個代表，共同組成一個權力機構，選出陳氏宗親會理、監事，並選出理事長。另外，陳氏宗親會有設置長老、顧問等職務，其成員大約數百人，包括由各股推薦以及由大宗的理

監事會來遴選。每個月理監事會都要至其下十三股（分支）開會。開會的意義
有五點：

一、顯現陳氏宗族的大宗下鄉來拜會小宗，足以表現陳氏宗親會的理監事會並
　　非威權治理。

二、理監事會會將宗親會的運作狀況告訴小宗，以利未來各種動員。

三、理監事會也會將財務狀況向小宗報告，已達到財務透明化。

四、理監事會所做出的決議事項也同樣會藉此機會，要求小宗配合辦理。

五、透過類似的拜會行程，也可以營造出團結的氣氛，而各地方小宗也會對大
　　宗相對提出各項建言，希望宗親會能代為處理。

　　另一方面，金門的李氏宗親會動員的實際情形，即競選期間李氏宗親會下
達命令，讓各地小宗親會每天派遣 10 到 20 人於競選總部或宗親總部，一同與
候選人下鄉拜票或是以電話催票的方式。而李氏在選舉進入白熱化或選情低迷
時，更會運用宗親會權力，將宗親會成員召集至宗廟內焚香發誓，這是最有效
的固票絕招，如果將選票投給其他的候選人會受到祖先唾棄。另外，投票當日，
宗親會會分配責任區，每個投票箱皆有宗親成員自行監票或顧票，如果發現有
會內成員在投票截止時未前來投票，即馬上派人催票，以達「票票入櫃」之目
標。

　　而林政緯（2016）認為，金門各宗親會為了自身的宗族利益，時常造成宗
親會之間的競爭與決裂，因此金門宗親會是衝突的團體。其動員基礎為宗族血
緣、姻緣、地域的社會網絡，更具有非常緊密的宗族意識以及強烈排他性，因
此外姓是非常難去介入的。金門宗親會也具有超越政黨屬性的特質，對宗親會
而言，其宗族情結與力量大於一切。雖然宗親會成員彼此之間的組織平時看似
鬆散，成員也非主從或從屬關係，但選舉期間卻又緊密相連，其所追求的不是
實際利益，而是一種象徵利益。宗親會內部透過黑函文宣、對立競爭來達成政
治目的，此舉往往造成宗族情感的對決與撕裂，同時，宗親會為了延續本身宗
族的政治命脈，一定會設法發掘與培育具形象且能力佳的候選人，以獲取其他
小姓與地域結盟者的支持，爭取宗族利益，進而光宗耀祖。然而，宗親會常常

彼此公報私仇，因選舉恩怨，進而排除異己，降低地方政治運作之功能，影響民主政治發展。如果不屬於陳、李兩大姓氏派系支持之小姓候選人，難有出頭的機會。

參、地方派系與宗親會之關係

學者劉佩怡（2002）曾對國民黨與地方派系的聯屬提出相關論述，他認為國民黨會先施惠地方家族（基隆張家、桃園吳家等），在進一步擴大到地方派系，而會將分配的資源限制在縣市層級，讓地方派系的在地性更為強烈，讓地方派系區域化發展，才不會尾大不掉。意即若沒有先將資源挹注在當地望族身上，要朝更大範圍的地方延伸，也會較難施展。

就陳延輝（2001）的文章中也指出：「宗親基本單位為家，再由家的觀念擴展為家族、宗族乃至於宗親。」宗族的力量會如此強大，同血緣、地緣且情感上的連結是最大因素，加上自己的親人助選力量會最為可靠，基於情感建立的關係，將較於以利益交換和忠誠度為基礎的地方派系來說，宗親政治的基礎會偏向血源親情的連結。在蕭新煌、黃世明（2001）的研究中特別指出：「在桃園縣，較大規模的民意代表選舉要看姓氏，新竹縣的政治生態，宗親力量掛帥。」其次在桃園縣、新竹縣和金門縣，有宗親背景者較易受到宗親的支持，當選率比較高（劉佩怡，2005；徐偉閔，2005；陳宏義，2005），顯示了宗親政治在這幾個縣市的影響力。

在葉甫和（2003）的文章中，我們可以看到他自身對地方派系的定義：「一種以地緣、血緣、社會關係為結盟基礎，並爭取地方自治事務的團體。」他也再次論述了先前學者對地方派系的基本定調，無固定組織或形式、成員之間存在著利益交換、且有一致的共識與目標等。而地方派系之間存在著利害聯盟的關係，因此派系也會隨著此因素有所變化，化解衝突的手段就是透過選舉或議場，且透過衝突擴張勢力與版圖。從他的定義當中，我們即可知道血緣亦是地方派系的一種結盟關係。以桃園縣為例證，更提出了此派系常出現在客家族群當中，主要原由是客家人較為團結，宗親組織相較於其他族群較多。但宗親會

其實不屬於政治組織，也不太涉入政治，但在選舉時選舉人能透過宗親會開會決議支持，主動推出候選人的狀況不多見，因此這類派系甚少。但以家族式政治式相對常見的，因為地方派系形成之初，會以家中人才作為優先培養的指標，但選舉是團體戰爭，基本上家中人才還是會與地方派系結合，也因此掩飾了其家族身分。

先前這一段陳述當中，我們可以清楚的瞭解到宗親亦是地方派系的一個分支，只是差別在於臺灣地方派系大多為政治利益的結盟，宗親政治著重於血脈傳承與家族政治利益。而此篇文章出自 2003 年，但「宗親政治」（clan politics）一詞的使用，在臺灣的學術界首見於劉佩怡在 2005 年的〈臺灣的「宗親政治」形成的初——以桃園縣為個案分析〉，是一個新的學術用詞。而宗親政治本身包含了宗親的利益與宗親因利益所產生的政治行為兩部分。在當時尚未有宗親政治之觀念，只能以血緣的地方派系作為稱呼，這也直接印證了地方派系與宗親會的連結之處。

第三節　人際關係網絡與宗親政治

壹、宗親會（clan association）

臺灣的「宗族」觀念與「宗親會」的社會聯帶性，對地方選舉有舉足輕重的地位，宗親關係將文化與政治關聯起來，提供了政治認同與政治行動的管道，傳統的宗族與宗親等原初團體在政治舞台上仍扮演著重要角色（劉佩怡，2009）。

沈廷諭、王業立（2006）指出宗親基本單位為家，再由家的觀念擴展為家族、宗族乃至於宗親，也因此宗親會至少包括了地緣、語緣與血緣等關係。在臺灣的許多基層農村，宗親組織的影響力亦十分大，親戚朋友的助選力量最可靠，利害關係也最密切（陳延輝，2001）。

國民政府遷臺初期由於其外來政權以及省籍分歧的限制，很難直接統治眾多的臺灣人民，必須借助本土菁英為其爭取政治支持（林佳龍，1989；137），

強化統治正當性，因此設計地方選舉與地方自治制度，建立本土菁英正式分享政治權力的制度化管道（朱雲漢，1989；143）。而國民黨透過地方派系為中介者，以其血緣、地緣關係及其他方法，與臺灣地方民眾建立關係，確保了高度的群眾支持並在選舉中動員群眾，匯集選票（趙永茂，1998）。

政治人物以地緣、血緣、宗族或社會關係為基礎，相互聯合以爭取對地方事務的主導權，原本是人類社會的常態。不過地方派系最後會發展成為政治的毒瘤則和選舉制度的設計與臺灣的政黨政治生態密切相關。因為，選舉制度是民主國家反映民意的主要機制。它能將選民偏好轉化成為席次，對於國家領導人的更迭，政府體制的運作等均有重大的影響（黃坤山，2011）。

臺灣地方政治民主化之後開始發生激烈變化。有關於地方派系的研究一職認為其權力組織結構呈現金字塔型（Rigger，1994），並認為這樣的金字塔結構長期穩定維持著。近年來，臺灣地方派系最新發展情況是，其過去金字塔型的組織幾乎瓦解殆盡（王金壽，2004），最新的地方政治運作模式已不再是全縣性的派系運作，而是朝向組織零細化，動員力量個人化（山頭化）的發展模式（王業立、蔡春木，2004）。

社會結構變遷與自由、民主開放環境的變遷壓力之下，原來社會性與文化性的結合關係，亦已漸漸轉變為新政經結合的型態。地方派系逐漸變為以成員間的經濟結盟關係為主的特質，取代過去派系成員以政治、社會關係為主的結合型態。因此派系成員係以利益交換來進行彼此間的合作與支援（趙永茂，1998）。

促成地方派系瓦解有以下幾個可能的因素：一、在現代化理論指引下，我們可以觀察到一些都市化較快的地區其他地方派系會較先瓦解。二、民進黨的成立，其讓選民有另一種不同於國民黨和地方派系的替代選擇，也同時讓地方派系人物的樁腳有叛逃國民黨的機會（Wang，2004），而使得地方派系由過去一黨結盟變成多黨結盟的現象（趙永茂，2001）。三、司法獨立改革。有司法獨立意識的檢察官與法官起訴判刑貪污腐化的地方政治人物，而造成地方派系的中斷（王金壽，2006）。

　　金門在民主轉型所帶來的政黨競爭之下，過去宗族與國民黨間的恩護結盟關係業已鬆動，加上金門人宗族觀念意識強烈，黨性觀念反而模糊不清，造成其他新興政黨在金門反而有發揮勝選的空間，也因此產生明顯的宗族角逐的現象。本研究針對「第七屆金門縣縣長選舉」作為個案分析，藉由研究臺灣地方派系的文獻推演金門地區之現況，並且分析此次選舉是否能夠動搖金門地方派系的影響力。

貳、宗親政治（clan politics）

　　「宗親政治」是一個新的學術用詞，在臺灣的學術界首見於劉佩怡的《臺灣的「宗親政治」形成的初探－以桃園縣為個案分析》（劉佩怡，2005）。

　　在中國，宗族組織乃是確立於西周時期所推動之「宗法分封制」（侯瑞琪，1998）；在歐洲，高盧人的 clan，德文的 sippe 和拉丁的 pro'es 三個字同義，都有血統關係的意思，而歐洲氏族的起源，及與莊園制度的建立有關（韋伯，2004）。臺灣的宗族組織，在先民渡海來臺之初，發揮了團結族人的效果，但經過日人統治臺灣，這種宗族的防衛功能漸失，日人也禁止傳統祭祀公業設立。國民黨政府統治之初實行土地改革，許多宗族喪失共同財，再加上臺灣快速工業化與現代化的結果，加速傳統宗族組織崩解，取而代之的是宗親會（侯瑞琪，1998）。

　　在臺灣的俗民社會中，以家是最基本的社會單位，所謂家庭的概念是成員必須同居、共財，過「一口灶」的生活，其次為家族，是家庭單位的繁衍與擴大，由於同一屋簷下難以維持多數人口的共同生活，無法同居，因而於祖先的共同財產的基礎上，各自獨立生活（劉佩怡，2005）；宗族則是家族的再擴大，與家族的區別在於生活區域的不同或再擴大，簡單來說，住在同村落或地域的家戶，且有血緣關係的稱為家族，而相隔遠處的稱宗族（陳進傳，1993）；而宗親範圍最大，是一個可能有血緣關係但不一定有共同財產。宗族和宗親（氏族）的界定，有學者將宗族視為宗親（clan）制度的一種變型，Maurice Freedman 便主張區分中國宗族與宗親的差異，是以公共的財產作為基本條件。簡單來講，

一個單系繼嗣群（unilineal descent group）具有共同財產者為宗族，沒有共同財產者為宗親（Freedman，1966）。但 Morton Fried 提出另一種區分標準，也就是以系譜關系作為區分的基本條件。他主張宗族是基於可以證明的關係（demonstration），也就是一個單系繼嗣群來自某一共同的祖先，繼嗣群的成員之間可以追溯出他們的系譜關係；宗親的形成是基於契約的關係（stipulation），繼嗣群的成員之間大部分無法清楚追溯他們的系譜關係，只是基於同姓的基礎所組成的團體（Fried，1970）。所以，宗族成員的資格有限制，不能隨意擴張；宗親成員的資格只限於同姓關係，且往往為了達到某種社會功能，而把宗親的範圍盡量延伸。

因此，宗親基本上僅基於同姓關係，而宗親會則是依照這種關係，並依《人民團體法》及其自訂的章程規定而成組織的團體。宗親政治就是宗親加上政治的兩種概念的結合，是宗親依其本身的政治利益所產生的政治行為（political behavior）。宗親政治的概念，本身包含了宗親的利益與宗親因利益所產生的政治行為兩部分，其中的政治行為，以選舉的層面來說，應至少包含選舉動員與政治結盟等行為（侯瑞琪，1998）。

本研究所指涉的宗親指的是同一姓氏，宗親之間不一定具有血緣關係，也不一定能夠追溯到同一祖先或者找到明確的譜系關係。同時，亦不從內部實質運作，包括是否共同財產、是否共居、是否共食等方面來定義之。

參、人際關係網路

在臺灣有關宗親、宗族與政治產生關連性，主要是落在地方派系的研究。早期派系理論也引述文化人類學的看法，例如 J. Bruce Jacobs。Jacobs 在 Matsu 鄉（即嘉義縣新港鄉）的田野研究指出，透過關係的建構與運作，社會形成了以此為聯帶基礎的運作機制，政治更以此而形成「派系」（Jacobs，1980）。

所謂「關係」指的是一種個人的、特殊的、非意識型態的人際網絡。構成關係的基礎因文化的不同而有所差異。在中國文化中，關係的基礎是來自於某種共同經驗或認同對象，認同對象可能來自於先天的，如血緣關係、地緣關係；

共同經驗來自於後天的，如社團成員。中國人傾向以關係為基礎而組成社團，如同鄉會、同學會、宗親會等（Jacobs，1976）。所以「關係」是透過兩個以上的人之間的社會互動所建立的，經由特定的歸屬性與認同，個體與其他社會群體發展出的多元聯帶關係（Jacobs，1992）。但是，即使不加入這些社團，或這些社團不存在，中國人仍然可以透過不同的關係網絡建立關係。

人際關係網絡的基本構成以二元聯盟為主，所謂的二元聯盟，是指一種存在於兩人之間，以交換恩惠與提供即時所需為目的的一種自願性協定，兩者之間，強調的是一種直接、面對面經由有意識接觸所建立起來的關係網絡。由於二元聯盟強調彼此間的面對面溝通或互動，因此二元聯盟發展出的次級團體，其組織範圍與活動空間都有一定的規範和限制，不像政黨團體能發展出全國性的組織架構。

二元聯盟有如一附加物（addenda），附加在既有的體制上，當然也需要藉助其它體制增強其連結，強化的機制基本上是借助政治、文化、社會系統，其中，時常被運用的則是社會中的初級團體關係，如：血親、姻親、地域、宗親等因出生而繼承得來的關係，由於個人在這些關係中，利害關係最接近、也最持久，因此在此結盟中，互惠行為最有保障。觀察臺灣的地方派系早期發展，成員之間至少具有血緣、姻親、同儕等一種初級團體關係，而 Jacobs 嘉義新港鄉的田野研究中亦指出，絕大多數的投票買賣或投票行為是要靠關係的，而選民大部分會把票投給和他關係最為密切的候選人。

日常生活中，自然而然有形成關係網絡的條件，但由於每一個人皆同時具有多重身分，且每一種身分都可能會形成關係網絡，此種複雜的連結自然也會增加研究的困難度，學者 Mayer 認為人際關係網絡是一種人與人之間的關係所交織而成的社會場域，場域內的人們不必皆有人際關係，也不必每個人都要與核心人物有直接關係，只要與其他任何一人有關係即可，Mayer 稱此種人際關係網絡為準團體（quasi-group）。因此在政治上，派系與其他政治次級團體的建構，其實是立基於日常生活之中，以人情關係為基礎，擴散人際關係網絡，而權力與利益也是透過此張既存的人際關係網絡所呈現。

就「關係」與「感情」的關係而言，Jacobs 認為，「關係基礎」是自變項，「感情」是中介變項，「關係價值」是依變項。關係基礎的存在與否決定個體與他人是否發生關係，如果關係存在，得視感情的好壞決定關係的親密度。因此，關係基礎是類別變項（nominal variable），感情與關係價值都是等級變項（ordinal variable）。感情與關係價值並非固定不變，它隨時可能發生變化，而這主要取決於兩種動態過程：社會互動和利用與幫助，（Jacobs，1992），而這其實就是中國人一般所稱的「作人情」。

除了關係之外，Jacobs 認為「人情」是形成派系的另一個重要因素。良好的關係加上彼此的人情，形成和維持政治聯盟或得到社會資源的可能性愈高（Jacobs，1992）。Jacobs 指出，人情是一個中國的特殊概念，簡單的說，人情是一種關係的感情成份。這是一種動態的觀念，透過行為者的互動，使彼此的關係更為親密（Jacobs，1992）。而因為人情中的信任（trust）與信用（credit）的存在，使得關係具有延續性，因此，關係可以用以累積、投資、回收，關係成為一種「資本」。Adrian Mayer 指出，派系便是建立在這種人際關係社會網絡的準團體（quasi-organization）（Mayer，1977）。整個派系的建構，其實是立基於日常生活中，以人情關係為基礎的人際關係網絡擴散，而權力與利益也是透過這張既存的人際關係網絡呈現出來。以上所論，可以從各項選舉中，尤其是愈基層的選舉，宗族、宗親以姓氏為號召，進行選票動員、凝聚選票的政治行為愈加顯著。

第三章　金門宗親會現況與發展

第一節　宗親會概況

壹、宗親會歷史淵源

宗族是中國傳統社會中重要的群體組織，依宋代鄭樵通志氏族略序云：「自隋唐而上，官有簿狀，家有譜系；官有選舉，必由於簿狀，家有婚姻，必由於譜系。」可見古人對宗族、姓氏認同的重視[3]。宗祠是凝聚宗族向心力的精神象徵，也是宗親集會導論公共事務的所在，而金門對於宗族的觀念的重視，從金門的宗祠數量便可知曉，金門的宗祠密度為全臺之冠，平均每一個聚落便會有超過一個的宗祠，且時至今日，宗族仍是左右金門在地勢力與人際關係的一大力量。

金門自古已有千年的歷史，根據清代《金門志》紀載，最早在晉代五胡亂華時期，便有陳、蔡、呂、吳、蘇、顏六姓家族因避難而移居金門。唐代貞觀十九年（西元 803 年），浯洲為朝廷所編製的泉州牧馬場之一，由陳淵任牧馬監，並帶領蔡、許、翁、李、張、黃、王、呂、劉、洪、林、蕭十二姓氏移居金門入島開墾，讓金門有了發展的基礎，因此陳淵被尊為開浯恩主。在宋代時金門被納入宋朝版圖，立都圖、納戶鈔，金門島上居民開始納稅，可見當時人口已有相當規模（中華民國國家公園學會，2009）。此外，自宋代朱熹在金設立燕南書院，教化島民，使金門人才輩出文風鼎盛，亦有「海濱鄒魯」之稱。

由金門的開發史可知，金門是典型的移民社會，當移民來金門時，為求自保互相照顧，多為同族、同宗或是一同前來的相熟之人聚居一處，而其子孫也

---

[3] 施志勝（2014 年 10 月 11 日）。閩南文化在金門—宗族文化的觀察。金門日報。2018 年 12 月 13 日，取自 https://www.kmdn.gov.tw/1117/1271/1275/244827?cprint=pt

多續居於同村落或附近，久而久之形成聚落，所以聚落便是一個大型的血緣家庭，而金門當地則相當重視宗族關係（王振漢，2007）。

根據陳宏義（2005）的研究指出，宗族的構成主要包含兩種類型，第一類型是基於姓氏關係而組成宗親，為了共同抵抗異族的入侵與保有其生產資源，所組成的祭祀團體，以互助合作為目的，在經過一段時間後，便基於姓氏的關係組成宗族。第二類型則為「開金始祖」宗族，是由特定姓氏祖先的後代所組成，基於純粹的血緣關係所組成的宗族團體，並在再分配財產時抽出一部附充當公業。而金門現今的宗族，其主要來源有五：一是為逃避亂世或遠離禍害遷居至金門島的亂世移民。二是各朝代開荒拓墾者的後裔。三是附近各地的商賈農漁之民久客定居。四是戍守金門的軍人官兵後裔。最後則是因贅婿而來（中華民國國家公園學會，2009）。

貳、宗親會分布與人口現況

現今金門的行政區總共分為五個鄉鎮，各行政區管轄數個自然村，而自然村為傳統聚落，主要以血緣關係為主，而金門的自然村中許多為單姓村，依據李錫祥（1996）的研究表示，單姓村的定義是，村落中最大姓氏人口佔總人口的一半以上，而整個金門有四分之三的聚落為單姓村，且各單姓村大多有祖譜可尋。

宗親會是血緣姓氏因素的結合，其情感的凝聚力本就會比較強烈，在單姓聚落中，其姓氏之宗親會與聚落居民關係緊密，宗親會會透過春秋兩季祭祖、興修宗廟、編纂祖譜等週期性活動，讓聚落凝聚認同感與向心力。而金門的地域不大，且聚落也多為單姓村，本就有的情感的聯繫加上週期性的宗親會組織活動，是金門得以保存傳統宗族文化的主要原因（廖慶六，2004）。

在漢人社會中，宗族的建立多是以祖產或宗祠為基礎。而根據 2010 年中華民國國家公園學會的研究調查，金門宗祠有 168 座，其中以陳氏為最多，而黃氏、蔡氏、李氏、王氏次之。

表 3-1-1　金門各姓氏宗祠數量統計表

姓氏	宗祠數目	姓氏	宗祠數目	姓氏	宗祠數目	姓氏	宗祠數目
陳	25	黃	16	蔡	14	李	13
王	12	林	11	楊	9	許	7
吳	7	呂	6	張	6	翁	5
鄭	4	洪	3	周	2	莊	2
董	2	薛	2	謝	2	方	1
辛	1	邵	1	何	1	梁	1
葉	1	顏	1	劉	1	歐陽	1
盧	1	關	1	戴	1	蕭	1
羅	1	蘇	1	聯宗	3	其他	2

資料來源：中華民國國家公園學會（2010），金門宗族組織與地方信仰，金門：金門國家公園管理處。（本研究自行整理）

　　根據金門縣社會處統計數據，截至 2018 上半年止，政府單位登記在案的社會組織宗親會有 176 個，宗親會透過定期的聚會與活動，讓宗族間的情感更加深厚，由此可知，從金門宗親會的數量，可見各姓氏的宗族的情感緊密，也因此形成一定的在地勢力，並在選舉中起到關鍵的作用。

　　截自 2018 年 6 月 30 日由內政部統計之資料，金門縣人口數為 137,837 人，且前十大姓氏為陳氏、李氏、林氏、黃氏、楊氏、蔡氏、許氏、王氏、吳氏，

合計 83,342 人，占金門總人口數 60.4%（內政部，2018）。表 3-1-2 為 2018 年金門前十大姓氏人口數與所佔的比例。其中，陳氏比例為最高，而李氏次之，即陳李為金門的兩大姓氏，由此可見，金門的一句玩笑話：「金門的第一大黨是陳家黨，第二大黨是李家黨，最後才是國民黨」有其緣由。

根據前十大姓氏宗親的人口數與分布狀況如下，詳見表 3-1-2：

表 3-1-2　金門前十大姓氏人口數及分布聚落一覽表

姓氏	人口數	比例（%）	分布聚落
陳	16,874	12.24	陳坑、下坑、塔後、湖前、新頭、山外、後山、陽翟、斗門、高坑、後行、營山、何厝、後浦、埔後、古坵、官路邊、舊金城、水頭、東洲、湖尾、烈嶼湖下。
李	10,844	7.86	古寧頭南山、北山、林厝、山西、官澳、山後、前後浦頭、前水頭、前後山前、蠔殼墩、後浦、烈嶼青岐、小嶝。
林	8,738	6.33	後浦、安歧、庵前、後岐、後壟、烈嶼上林、東林、西宅、双口、西路、中墩。
黃	8,367	6.07	前後水頭、從浦頭、沙尾、西園、英坑、東店、溪邊、耍頭、後浦。
蔡	6,907	5.01	瓊林、蔡厝、湖尾、安岐、水頭、下埔下、後浦、金門城、古崗、中蘭、烈嶼南塘、大嶝東蔡、崎口、壠口。
楊	6,816	4.94	官澳、塘頭、湖下、東坑、湖尾、榜林、後浦。
許	6,685	4.84	後浦、後湖、官裏、榜林、庵前、山前、後沙、安岐、小徑、大嶝桑滬。

姓氏	人口數	比例（%）	分布聚落
王	6,531	4,73	山後、呂厝、后宅、中下蘭、營山、西山、後盤山、珩厝、何厝、沙頭、東沙、舊金城、榜林、後浦、大嶝后店。
張	5,980	4.33	青嶼、沙尾、營山、後浦、古寧南山、大嶝陽塘。
吳	5,600	4.06	田浦、大治、內洋、安岐、西吳、吳厝、小西門、昔果山、烈嶼上庫。

資料來源：內政部（2018 年 06 月 30 日），全國姓氏統計分析；中華民國國家公園學會（2009 年 12 月），金門傳統聚落形成發展族譜資料彙編。檢索日期：2018 年 12 月 15 日，取自 http://www.kmnp.gov.tw/jp/filesys/file/research/155/155_081729eefe920d4485e5c7ddecc1332b.pdf（本研究自行整理）

　　金門縣居民的生活方式大多以同姓而居，根據林政緯（2016）指出單姓村占有 50%以上，大姓村占 20%至 50%，多姓村占 19%以下，是因為金門的地理環境之特殊才造成此聚落分布現狀。由表 3-1-2 可見陳氏為大姓，占總人口數 12.24%，且分布之聚落之廣，可推論出其在地方上具有一定規模之影響力。

第二節　金門宗親會的組織運作

　　金門宗親的觀念之深厚，該地區擁有各姓氏的祠堂一百六十座以上，帶領著族人共同祭祀祖先，現今更是以宗親會的型態聯繫族內的情感。這是因為從最早移居到金門的祖先開始，同一個族群為了拓展生存空間而聚集居住，共同排除抵禦外在的不利因素，通常以宗族為單位，許多家族成員形成一個氏族團體，他們擁有自己的土地及共同祭祀祖先的祠堂，同時存在記錄宗族血緣歷史

的族譜。通常由一個至多個姓氏族群居住形成聚落，形成所謂的自然村，而其形成影響了現今金門行政區域的劃分[4]。發展至今，金門宗親會仍是蓬勃發展，各地的活動都可見各姓氏宗親會之身影，其發展以及運作模式值得探討。

而金門縣同姓的宗族多組成宗親會團體，藉此來聯繫相同姓氏宗族間的感情，也藉此推動宗族內的相關事務。其主要有三個功能：傳承華人敬祖文化、舉辦互助福利事業以及開辦聯誼娛樂活動[5]。由此可見，宗族內的事務推動有賴於宗親會組織之運作。

在金門的宗親會中，宗親會定期聚會來聯繫族內情感，或是開會來解決宗親會內的事務，其內部的運作方式，可由訪談內容 B1 佐證：

> 我們宗親會有清寒慰問、獎助學金、公益性質的服務和春秋的祭祖。在正月十八和十月十八的時候，祭祖是十三股都要參加，祭祖結束之後有聯誼餐會可以自由參加，就是「吃頭」，但大部分都會留下來參加，每股至少會有一桌。在祭拜祖先後聯絡感情，若有甚麼事項需要討論也是在此時先說，之後再找時間開會。平常開會也會依循社會處規範，祭祖過後各個村莊若有需要會有下鄉輔導，社區間的座談會，聯誼感情。以前參加宗親會不分年齡階層，在公益方面、宗親會有熱忱就可參加宗親，村莊內一戶一名出來選，選舉年齡 20-80 歲都有，要有熱忱和捐獻，像是這次宗祠整修，各股就有捐獻。也不會因為年齡被輕視，對於議題和建置方面要有突破的提議，以提議與建議為主。（B1）

在金門眾多宗親會之中，每到選舉的到來，便開始如火如荼地進行動員工

4　林金榮（2009 年 12 月），金門傳統聚落形成發展族譜資料彙編，**中華民國國家公園學會**，金門國家公園管理處委託辦理報告。2018 年 12 月 15 日，取自 http://www.kmnp.gov.tw/jp/filesys/file/research/155/155_081729eefe920d4485e5c7ddecc1332b.pdf

5　許家銘（2016 年 02 月 04 日），宗親會的功能，**教育部歷史文化學習網**。2018 年 12 月 15 日，取自 https://market.cloud.edu.tw/resources/web/1659802

作，但僅有陳氏宗親會因應選舉而發展出一套具有制度性的初選機制。陳氏宗親會為了促進團結，推薦優秀人才參與公共事務，透過建立「潁川堂金門縣陳氏宗親會輔選本宗子弟參政實施辦法」，以期陳氏子弟能順利當選，為家族爭取榮譽。內容詳述了內部初選的流程，以提名、投開票作業以及民調作業之方式來決定出人選，候選人出爐後便開始準備輔選的工作，陳氏宗親會組成輔選小組進行動員，並規畫輔選工作計畫表，共研選務，在各股宗親會進行活動，以促進宗親會達成共識，團結一致支持候選人[6]。

　　再由 B3 談內容可佐證，宗親會以訂定初選機制來產生宗族內代表候選人的產生，但大多宗親會多為被動的方式來協助候選人，大多並非積極從事選舉事務，其功能性較無政黨強烈，所以在動員方面，效果也相當有限：

> 就我看來，我認為宗親會都是被動式的協助，沒有強到說像政黨一樣。當時我參選縣長時，我還沒有進入到政黨之前，我是先取得宗親會的共識，這個好處是先獲得正統的代表性，當時也有人說要選，變成要去促成宗親會的支持，先有共識來推派代表，最好是一席大家不困擾，減少衝突，再來是怎麼產生，有的人就是走政黨機制，來開始協調，我那時候就是協調不成，那再來就是做民調，那時候做民調要交錢，只有我繳，無形中也是一種機制，喊著玩的人自然就退出遊戲規則，就是這樣子，它的性質比較被動，如果積極一點的話就可以產生更大的影響……（B3）

　　由上述內容可知，在金門的宗親會不只有傳承文化、聯絡情感與開辦活動的功能，更參與在地方選舉之中。且大多有一定影響力的宗親會有一定的初選機制來推選出候選人，其目標除了為宗族爭取榮耀，也是為鞏固利益，然而，目前僅有陳氏宗親會有明確法規來執行初選以及輔選事務，然而，宗親會實質會對地方選舉所造成之影響力更是值得深入探討與研究。

---

[6]　參考自潁川堂金門縣陳氏宗親會輔選本宗子弟參政實施辦法。

第三節　宗親會未來發展與前景

壹、金門宗親會凝聚力之轉變

　　隨著時代的變遷金門日益開放，資訊快速流通，教育程度也不斷的提高，影響金門的傳統宗族文化，本研究藉由深度訪談瞭解現今各姓氏宗親會的運作模式與其凝聚力的變化，藉以探析金門宗族文化是否有式微的傾向。

　　金門縣政府登記在案的宗親會共有 176 個，可見金門宗族的重視。宗親會透過定期的聚會與活動，讓宗親的感情更加緊密，但由於金門多為單姓村，各姓氏宗親會的影響力大小，會因其所在地區的不同而有所差異，從 D1 的訪談內容便可佐證：

> 對於選舉的話，基本上每個宗親都有影響力。因為金門有許多自然村，意即都是單姓部落，像古寧頭姓李為主、瓊林姓蔡、盤山姓翁等。形成一種既是宗親又是社區的型態，因而在選舉上，大多會以既有的組織、宗親與社區的結構為主，宗親影響力自然就會出現。（D1）

　　若是以金門整體的情況來看，目前金門共有一百八十餘姓氏，若是宗族的人數較多，其影響力自然也會比較大。由 F4 與 D1 的訪談內容中可應證：

> 大姓宗親會都有影響力，人多的宗親會影響力自然就大，人少的自然影響力就小，像是：陳、李、六桂、董楊，他們人多包括的會員多，自然影響力就大。我記得過去這幾十年的政治都跟宗親脫不了關係。很多透過宗親會的動員來拉攏選票。（F4）

> 若真要算哪個宗親影響力大，人多必定是關鍵，金門宗親首推姓陳，其次姓李，至於像楊、蔡、許、吳，基本上宗親有 1000～2000 人以上的話，

對選舉都是會有影響力的。當然也要看是甚麼選舉，若是縣長選舉姓陳相對吃香，若是區域性的那就不一定。（D1）

透過與 E1 的訪談內容中可知曉，在金門的姓氏當中，以陳氏與李氏為較大姓氏，而人多自然影響力也較大，其中陳氏為金門第一大姓，其宗親會影響力不容小覷：

陳家是最大姓，再來就是李家，因此這兩個家族壟斷了金門幾十年來的縣長選舉，解嚴後民選縣長陳水在、李炷烽、李沃士、陳福海等人皆為陳李。就目前而言，縣長非陳即李，可看出宗族的力量影響選舉很大。（E1）

宗親會以週期性的活動來凝聚鄉親的情感，藉由每年的祭祖活動與吃頭聯繫宗親間的情感，除此之外，宗親會也會透過發放清寒慰問金、獎助學金等公益性質的活動，以及協助婚喪喜慶相關事宜來加強宗族間的情感聯繫，且隨著小三通的開放，許多宗親會亦會接待海外宗親返金尋根祭祖，與舉辦同姓氏的聯誼等活動。從 E3 與 E5 的訪談內容中便可略知一二：

宗親會的功能是處理婚喪喜慶……吃頭有，每個宗親會都會吃頭，每個成年人都會參加；生小孩也要去報丁，就像報戶口，每年春秋兩季都可以去報丁，讓後代子孫知道，族譜才會出來，所以跟很多海外的宗親會有聯繫都是這樣來的。（E3）

宗親會主要是以下三個活動，春秋兩季祭祖、三到四個月開理監事會、配合各友會的懇親大會，每兩年（民國雙數年）辦理或參加臺灣的懇親大會，單數年辦理或參加世界懇親大會。（E5）

由此可知金門當地居民的生活與宗親會有莫大的聯繫，但因近年來青壯年人口的外流、知識教育的普及與資訊的快速流通，使金門宗親會的凝聚力發生變化。根據受訪者 E1 表示，因為時代的變遷，使得宗親會對於年輕一帶的影響力大不如前，而受訪者 A1 也表示，現在的青壯年有自己的判斷力，較不會受宗親影響：

> 有式微的現象。宗親會只有在戰地政務時期是最高峰，以前農業社會家族的凝聚力十分強大，長老講話一言九鼎，具有權威性。隨著工商社會，社會快速變遷之下，臺灣的民主意識漸漸帶來金門。雖然宗親會仍具一定的影響力，但年輕一代不一定會聽家族的話，因此其影響力已大不如前。（E1）

> 宗親的勢力會逐漸式微，我想大概在兩任的縣長，大概要十年，等老人凋零以後慢慢被年輕人漸漸取代，年輕人也不太理會宗親，所以宗親的年齡層會逐年下降，力量也會慢慢減弱。年輕人到了一定年紀會回去參加宗親的事務，但宗親的影響力不會那麼大……現在看應該五十歲以下，因為有足夠的判斷能力，比較不會被宗親觀念凌駕。會進去的年輕人是因為有機緣或關係，選上理監事有了決定權，才會熱衷參加宗親會。（A1）

受訪者 F1 則表示，受社會大環境的因素的影響，使宗親會的凝聚力下降：

> 上升跟瓦解不是針對宗親會，而是在大環境人與人交往方式的改變。以前的社會交往是直接的，現在社會結構轉變下，人跟人交往與情感交流方式的改變。現在人跟人交往方式不同，應該更宏觀的從社會關係改變去討論，即使不是從宗親會的發展來說，現在情感基礎是相對薄弱的，如果要說現在年輕人對宗親會的參與會不會有式微狀況，客觀來說，第

一，存在城鄉差距，在傳統聚落的年輕人是習慣這種氛圍的，而非住在傳統聚落的就感受不到。第二，即便環境不同，受到社會大環境的變化，對宗親力量與感受度來說是不及前輩的濃密，這兩個因素是很難切開來說的。式微是一種感覺，要從社會結構來看，以及居住城鄉環境來討論。社會逐漸的人際關係疏離才是導致宗親會凝聚力下降之原因。（F1）

但是，亦有受訪者認為宗親會的凝聚力是有上升的趨勢，根據受訪者 F7 表示，宗親會近年來的凝聚力有上升的趨勢，是因宗親有持續在運作之原因：

近幾年是慢慢再提升，因為在活動上大家都有在出力，也有在做協調宗親與公部門處理鄉間大小事。主要也是因為宗親會中，像我們這些 40 歲左右的人正在抬頭，真的要說的話是總幹事許燕輝，其實總幹事是很重要的角色，是資訊掌握度高、有號召力、執行力要很夠的人，總幹事引領青壯年的投入，也是凝聚力上升的關鍵，而我相信凝聚力不斷上升是指日可待的。（F7）

受訪者 F3 則更詳細說明宗親會的力量凝聚，可分為選前行為與選後行為：

應該說算凝聚，凝聚有分為選前行為和選後行為。選前是為了拱宗親會所支持的對象，大家會很頻繁的聚會支持，效忠並鞏固團結。選後宗親會會轉變成旅臺同鄉會，因為有金酒的誘因，享受配酒的利益。（F3）

此外，從 B3 的訪談內容中得知，宗親會凝聚力的變化是因個人參與度的不同而有所差異，個人會隨著年齡的增長而加深與宗親會的連結：

年齡越大的影響力越大，因為跟宗親事務的緊密程度低，年輕人如果面臨家庭變故，開始對宗親會事務就開始深入，他們父母是誰扛出去的，

就是宗親辦理的事務，開始有鏈結。婚喪喜慶就是為甚麼宗親會的這麼緊密的原因，所有人都會幫你準備好，你會想說宗親會通知我甚麼，我會想要去幫忙，最深刻的就是跟你有關係的，開始會有歸屬感。（B3）

近年來金門日益開放，外來移民也越來越多，而大量的外移人口與時代的變化是否會進一步使金門的宗親會逐漸瓦解。根據受訪者 C1 表示，因血緣關係與定期性的活動，使宗親會依舊存在，由 F7 的訪談內容中亦可得到相同論點：

因為宗親會是同宗、同根，所以要打散很困難，還有許多定期活動，像是會員大會、祭祖等等，促進感情交流，所有較不容易打散。（C1）

我覺得倒也還好，因為外面的人進來，他也沒辦法去影響現有的宗親會，連介入的機會都沒有。而他們對地區、金門各宗親會的淵源也不是很瞭解，臺灣那套想法未必能與金門結合，更不可能被取代。（F7）

受訪者 F1 則表示，宗親會並非面臨瓦解，而是必須兼顧更多層面的問題：

不是瓦解，而是必須兼顧更多的東西……如果外來人口越來越多，那宗親會的事務就會收斂在宗親事務上，公共事務就會在社區發展協會討論，可是如果這個地區是比較傳統的，基本上同樣的社區與宗親的意見領袖是同一批主導的。（F1）

而受訪者 F4 則認為宗親會的影響力會慢慢淡化：

會慢慢淡化，還有一個原因，現在是資訊非常發達的時代，人們資訊接收的管道變得更多元，通訊軟體的發達，大家在看事情的角度不會那麼

單一化，能夠幫助我們更瞭解候選人的資訊。另外，新住民的大量移入沖淡地方人口數，對地方政治影響力也越來越大……新來的移民帶來思想的改變，對於賄選的接受度低，對於民主政治有不一樣的期待和看法，沒有宗親的約束，會帶來思想的衝擊。（F4）

　　由上述訪談資料可得知，因為教育程度的提高，使年輕人有較高自主的判斷能力，且平時也不常接觸宗親事務，所以宗親會對於年輕人的影響力相對薄弱，但是，隨著年齡的增長會面臨婚喪喜慶等事情，而宗親會此時也會從旁協助，使個人與宗親會產生連結，一來一往間便加深個人對於宗親會的歸屬感。此外，社會結構的改變，使人與人之間的交流方式改變，若非住在聚落中，與宗親會的情感連結也會相對薄弱，而人際關係的疏離，是金門宗親會的凝聚力相比從前有下降趨勢的原因。但是，透過週期性活動的辦理與運作，會使宗親會的凝聚力有所上升，此外，宗親會也會因選舉與利益而更加團結。而金門大量的外來人口，稀釋在地人口的比例，使得宗親會的影響勢力下降，但因宗親會乃是同宗、同根組成，其淵源與運作外來人口無法介入，所以外來人口並不使宗親會瓦解，只會淡化其影響力。

貳、金門宗親會與選舉之關係

　　隨著金門解除戰地政務後，開始走上民主化的道路，每到選舉時期就成為各宗族角逐的舞台，有句俗諺說：「大姓出頭天，小姓奈何天。」是為金門宗親參與選舉的最佳寫照。大姓憑藉著人多勢眾來讓該宗族候選人當選，如此一來，不僅使宗族名望日增，也藉由握有政治資源來為鄉里謀取福利，而小姓相對來說就難以與大姓抗衡。發展到後期，陳氏宗親會甚至有「參政辦法」的出現，可見該宗親對選舉的熱衷，王振漢（2007）提出陳氏宗親會以具有類似政治團體的政治初選活動，已具有準政黨之雛形。由此可見，金門的選舉已被大姓所掌控，且發展出一套具有制度性的內部初選形式來選賢與能，宗親會不再只是宗族內部聯絡情感的組織，更是金門政治人物角逐一席之地的跳板。

　　金門以開始走向民主化的道路上，由陳氏宗親會擔任領頭羊，發展出一套「參政辦法」，透過宗族內初選，在推派候選人上達成共識，但在今（2018）年的選舉中卻引發爭議，有初選機制不公開且不透明的疑慮，由 F4 訪談內容可佐證。

　　……所以到底能不能夠為金門舉才，這是非常重要的。甚至是搓圓仔湯，勸退其他候選人，對其他候選人不公平，為了鞏固權力，全力支持一位候選人，導致變成私相授受，把所有的利益都給一個姓氏，所以我認為這對金門是不好的。他如果上台就政治分贓給他所屬的宗親，假設我們舉薦的這個人才，真的不如其他宗親會的人才，而我們硬要推出一位候選人，這樣是好的嗎？我覺得以前的影響是不良的，宗親會所推出的候選人未必優秀，其站在宗親的角度推選候選人，不是為了金門好的格局，宗親應走向民主化，具有公開透明的機制，才對金門有所助益，否則淪為鞏固宗親勢力之工具，影響政治不好的因子，但現今的進步空間有限。（F4）

　　初選機制的出現意味著政治民主化的發展，但倘若此機制演變成為某些人為了壟斷權力的工具，是否就違背了當初選賢與能的初衷了呢？由此顯示金門政治民主化的進程似乎又回到了原點。初選機制的出現固然就是好事，透過一定的程序推舉出適切的人選，但是如果變成只是為了打贏選戰而展開，失去了原本引薦人才的意義，那並非是金門民眾所樂見的願景。

　　如今，在金門有超過半數的民眾認為宗親會對選舉是具有實質的影響力，但根據陳弘義（2009）所提出，金門縣選民的確有將票投給同姓候選人的傾向，但其在分析歷屆村里長的選舉中發現，單姓村中最大姓的當選率逐年下降。而隨著外來人口移入金門，逐漸的改變金門的政治生態，在本研究在金門 2018 年縣長選舉的問卷調查中顯示，多數民眾以候選人的政見、形象以及經驗作為投票的依據，而因為是同宗族的關係而投票只有 5%（表 1-2-3）。總體來說，

宗親會的凝聚力雖有下降的趨勢，但不至於到瓦解的程度，因為血脈傳承不會停止，且宗親會內部仍持續運作，而宗親在選舉中有一定影響力，但就本次的選舉來說宗親影響的比例不高，然而，外來人口的部分不受宗親的因素所牽制，其較具有獨立的思考能力，能以較客觀的角度進行投票，總體分析下來，本研究認為宗親的在選舉中的影響力較無之前強烈，且具有持續下降的趨勢。

第四章　金門選民投票行為的分析

　　本研究以質性研究深度訪談的內容作為主要分析的資料，第一步就是將訪談錄音之內容謄成逐字稿，建立訪談的書面記錄。逐字稿的建立原則在於「詳盡確實」，完整的逐字稿不但能使質化資料的分析更接近原貌，更能瞭解受訪者意念的來龍去脈（林金定、陳美花、嚴嘉楓，2005），因此在謄逐字稿的過程中，研究者會將所有受訪者編號，受訪者代號則依照縣議員候選人（第一選區）、縣長競選總部資深幹部、縣長候選人椿腳、金門選委會高階公務員的順序，分別編為 Bo1 至 Bo4。

　　本研究採用深度訪談分析法，在完成訪談資料逐字稿後與筆記後，進行剪貼與分類，剪貼的第一步是瀏覽整篇逐字稿與筆記，並仔細找出和研究相關的部分，憑藉著這個初步的閱讀，發展或修改研究的標題，並區別出逐字稿及筆記中，內有哪些部分與主題相關或不同，而後根據主題與內容的關聯性進行初步的概念化定義，隨即開始進行「編碼」的工作（林金定、陳美花、嚴嘉楓，2005）。首先研究者會將訪談資料內容分解成一個個單位，仔細檢視並比較其異同，再透過熟讀受訪者的回答，且持續思考該內容與研究主題間的關係及其代表的意涵，同時於編碼處記錄下感想與評註，並標出受訪者表達之重點及關鍵字（林金定、陳美花、嚴嘉楓，2005），編碼完後，在進行核心資料的分析，即「建構類屬及概念化」，將主題資料歸納後，根據其所涵蓋的意義賦予一個適當的概念名稱，並根據本研究所這設定之理論概念予以命名，最後與文獻探討部份進行比較。

第一節　血緣因素

　　因地屬離島，血、地緣關係緊密且封閉，長久以來建立的關係鏈複雜龐大，

逐漸形成具結構性的「宗親會」組織，原則上人生自開始便進入宗親體系，而宗親的規則化及體制化造就金門親密的血地關係。對地方政治及地方選舉的影響有舉足輕重的地位。

> 「小島的關係，人際關係一定很緊密，言不離親血友，不然就是親戚，要不然同學，要不然朋友，不是你的長輩，不然就是同姓氏的宗親。」（G1）

> 「剛才談到說可能是甚麼樣子的樁腳，就是同學，朋友，宗親。這句話，我之前才寫了一句話給我一個朋友，因為他談到選舉的議題，我在下面留言說：宗親對金門的參選人來說很重要，但是沒有宗親對金門的選舉來說更重要。」（G1）

> 「假如金門有一天能擺脫宗親制度的束縛跟約束，我相信金門會更好，因為我講坦白話，假設你也姓黃我也姓黃，你是一個好咖，非常非常優秀，我投給你沒有問題，因為選賢與能本來就是一個很好的制度。那假如，出來選的人是個爛咖，那因為你跟他同姓，你就要把票投給那個爛咖，這根本違背了民主政治的精神。」（G1）

> 「因為金門是小島的關係，人際關係一定很緊密，言不離親血友，不然就是親戚，要不然同學，要不然朋友，不是你的長輩，不然就是同姓氏的宗親，那可能是甚麼協會的長，類似這一類的。」（G1）

> 「那假如，出來選的候選人並非是心儀的人，但因為你跟他同姓，你就要把票投給他，這根本違背了民主政治的精神。他只是就因為我跟他同姓我就要支持他，我要包容他可能會做的一些事、還要包容他這個人在外面的風評，所以我覺得沒有宗親對金門來說更重要的原因在這裡，假

如所有人能夠跳脫這個宗親的約制和束縛，用我的每一張選票選出對金門有幫助性的人，我覺得對金門的幫助的意義就更大。我們講內舉不必親外舉不避嫌，假如這個人的人格操守有問題，他根本完全沒有執政能力，那我還投給他只因為我們是同姓氏，這樣是不對的。」（G1）

「宗親會就像是公司，公司也有很大的結構像是這樣的，其實這些都是人造業者配合的，像是上下游。我講一個最簡單的比較快，還有姻親，金門有政治聯姻，某縣議員的兒子娶了正代表的女兒，他們就是互相配合，形成套票制度。」（G1）

第二節　選舉制度因素

金門自第二屆縣議員選舉開始，採行單一選區的大選區制，後於 2009 年後改成複數選區的小選區制；大選區對選民不公平，僅需鞏固支持者即可當選，非支持者可能就不受照顧，此變革牽涉到候選人所要顧及選民數量及區塊的改變，優點在於更接地氣地服務鄉親，加強深度；但實際情況則演變成候選人強力鞏固選區票源（其相關方式，例如：賄選等因素，待後續探討），造成各據山頭之勢，民意反映僵化。

「這是選舉制度的問題，大選區的最大的問題是，對選民來說是相當不公平的。因為他只需要百分之幾的選票就可以當選，那這樣的話不是他的支持者的部分那它就可以不用去顧慮，等於說好像選了他之後，去選了這個人他不一定是會照顧我的。第二個問題就是說候選人他也算是跟選舉的人民有關，如果是因故出缺，就是選完或是辭職之類的，假如說這個選區的出缺名額達到了 50% 才要補選，但是假如是單一選區的話這個人一出缺那就要馬上補選。」（G4）

「金門縣在地投票制度是分選區制，但是金門的面積很小，跟人口數很少，先姑且不論行政首長，那些可能要三五千票，那些資本比較高，金門的縣議員分三個選區，以前最早是單一選區制度，單一選區制的話風險性會比較高，為甚麼，我找人縱然我熟悉，我不確定他會不會買得到他的票，就是說選區越小票越穩，我只要控制這一小搓的人，椿腳只要把他們顧好，那我的票就不容易跑掉。」（G1）

「我覺得你們訪談可以去找檢察官或法官，檢方或是檢調人員，其實這樣的金門選舉風氣我覺得有改善，但這個改善的時間慢很多，為什麼會造成這樣的狀況，我自己的觀察，因為金門的選舉制度比台灣還晚實行，因為戰爭的關係，歷史關係，那選舉制度執行的時候，複製台灣鄉下早年選舉模式來到金門，再加上很多不管是黨政結構或黨政派系的影響，再加上這邊的親戚關係太緊密了，所以導致這個結構非常非常的穩固。」（G1）

第三節　戶籍制度

台灣不論本島離島皆有戶籍人口因就學、工作等因素無法常駐戶籍地，其中離島因交通地利不便更容易形成人口數有明顯落差，此現象常被視為選舉變數；因離島福利，落戶金門享有福利卻不在此生活的族群成為「非常駐人口」或是「幽靈人口」，選舉時若受到動員利誘會出現「空降部隊」造成選舉結果改變；而台灣戶籍制度並未強制戶籍遷出及回遷規定，故也會出現暫留戶政事務所等特殊情況（P4）。金門大學的成立造就特殊的「金門籍大學生」，具有投票權且數量足以影響地方選舉結果（此族群待後續深入探討）。

「金門有所謂的空降部隊，候選人他有特殊的背景，比如說兄弟背景，他虛設很多各類人口在金門，這些人口很多沒有在金門活動，投票的時

候當搬客，空降下來。有一年度的時候前這樣子就是因為遷戶影響了選舉，人家說養兵千日用兵一時。」（G1）

「金門又是離島，在檢調單位的時候比較好處理，選民單純，他在選舉過程中的移動是比較很明顯的，因為是離島，競選活動開始的時候所謂的那個調查是因為幽靈人口問題。什麼叫有幽靈人口？有籍無人，有人無籍，幽靈人口就是戶政所最多，戶籍法規定，我遷來這裡的時候回到我的出生地方，戶籍就遷好了，戶籍不遷，你沒批條，你來金門讀書，把戶籍遷來這裡，就好比大安區，把戶籍再遷回大安區，大安區的戶籍所他可以拒絕，沒有明文規定，非要回到他原來遷出的地方。因為他不見得在那邊，所以有些人就直接近遷到所謂的戶政所，就這個只是金門才有啊！」（G4）

「有一年度的時候前這樣子就是因為遷戶影響了選舉，人家說養兵千日用兵一時，這些人候選人很多就是這樣子，而且這些人從首長到民意代表都用。除了空降部隊還有登陸部隊，從大陸回來的。其實我很憂心的是，像金門這樣子資源很多啦，我們金門的縣部能運用的資源是很多的，相對的受到這種境外的投票是會很高，這些人是不是真正的關心這塊領地，或是說認同這個候選人的真正理念而來投票的，而不是說收了一筆錢來投票，然後好了就走，因為離島和偏鄉，這種幽靈人口，這種虛設戶籍的狀況大量的發生，會造成很不良的影響。有很多的特定資源一定會想要來瓜分這種利益，講實在就是這個樣子。」（G1）

第四節 政策因素

政策面分析概括許多項目，如「政見」、「福利」、「建設」等，而項目之間亦相互牽涉，在此分類會進一步解釋：

　　首先談及金門政策中涉及的老年福利金的部分，《金門縣敬老福利津貼》當前資格為 55 歲以上未滿 65 歲可享有，而 2018 年某縣長候選人提出擴大實施年齡層引來兩極評價，受領人自然是正面看待，但增設 63、64、65 歲養老金本身並無排富設定，將增加縣庫壓力將迫使未來金門開始舉債，如此政見也存在政策買票的灰色空間。

> 「金門的預算怎麼浮濫，金門一年光花在戰地補償跟五十五歲老人年金的部分，就花了十三億，可是金門縣庫才剩 150 億左右，再這樣下去金門準備舉債。這些是不會產生經濟鏈的，把錢收進去了，沒有花是不會有經濟活動的，不會造成效益的。五十五歲的年齡群基本上在公司公務上都應該是主管階級，都是最有錢的，再把資源在傾斜在他們上面。」（G1）

　　而在地方建設中縣府層級與鄉鎮層級的建設規劃與地方關係互動也會促使特定選民的投票意願改變，透過選前「契約」特定區塊給特定單位、人士開發、建設來鞏固個人選票，甚至鎖定鄉鎮長候選人，拉攏其進入陣營以期順利掌握某開發地段等手段。

> 「鄉鎮長土地變更的重劃區，掌握的資源，鄉鎮公證所今天跟你說，我要這裡開條路，或設立一個公共建設，實際上那都是由鄉鎮公所決定的。像你知道金城鎮公所後面那一片，完全沒有開發，都是樹，他們就是想要擁有這一塊。伯玉到環島北這邊一整塊都是樹林，這一塊就是很龐大的利益，也有很多建商在追求的。他們有估算這邊的利益至少到三十億。到這塊還是屬於金城鎮，過去就是金寧鄉了，那塊地就是重劃區，屬於第三階段，是未來的重點。」（G2）

金門縣政策政見重點必定觸及金門酒廠產業，金酒對金門縣縣庫及縣民福

利有極大相關，家戶配酒、三節配酒、紀念配酒等配給福利是地方特色。金酒配給政策是歷屆選舉的重中之重，雖為福利，但支出費用始終是一筆重大支出，金酒公司營運、人士安排，到配酒政策的實施範圍、配套及頻率擴大成為執政者或候選人操作選舉的方式之一。

> 「縣長層級用的手法比較特別，透過大量送酒(EX：兩岸通水酒)、契約比較多，譬如說我上任之後，一定會幫你村莊做鄉村整建(建設面)等……。」（G1）

> 「今年通水配酒也被視為一種收買的手段，其中鄰長還能多領一打。」（G2）

2018 五合一選舉前更出現酒麴運至大陸東北試釀的爭議事件，也為此次選舉出現重大變數。

> 「就是 XXX 打這個酒麴的問題，例如派專家來說這個酒麴不重要，酒麴不能複製怎樣，那你說一個不重要的東西你幹嘛把它放到保險櫃，你覺得不重要的東西你會把它放在保險櫃裡嗎？」（G3）

人事安排往往引起眾人關注，金酒董事長、總經理、縣府領導階層、公部門招聘人員等，與人選關係、擴充人數多寡也具備左右選舉走向的力量，背後牽涉到關係鏈如：家庭生計、政治酬庸等，密不可分。

> 「要會不喜歡 XXX 的人應該是沒有被他綁走的人，像他一上任，就擴充人員 700 人。全國最高，比例最高的。我想他這 700 人，綁票綁走了 2,100 多人，因為有家庭，如果他出來選了，會有 700 人怕他選不上而失去工作。父母大概有 1,400 個擔心他小孩沒工作，他這一幫就是兩年。」

（G3）

「裡面的那個組織，本來 700 人，他可以安排自己的人，藉著這個機會
去有的像政策買票的一個方式。說實在話，縣市長啊這種事錢多，提供
就業機會也多，這種事情誰不會去呢？因為總是董事長，總經理的批了
才算，所以跟他沒關係嗎？」（G4）

　　賄選買票等違法違紀行為亦可放入政策因素做為討論，故透過訪談多方交
叉證實金門當前仍有此類行為漫行，以下將以多面向彙整：

　　金門賄選額在有明文紀錄的公文提及最高金額為 5,000 元新台幣，而在坊
間流傳的數目眾說紛紜，但大致落在 2,000 元、3,000 元、5,000 元數目，依候
選職位、選舉情勢變化而有起伏。（如【表 3-4-1】所示）

表 4-4-1　套票層級與賄選金額一覽表

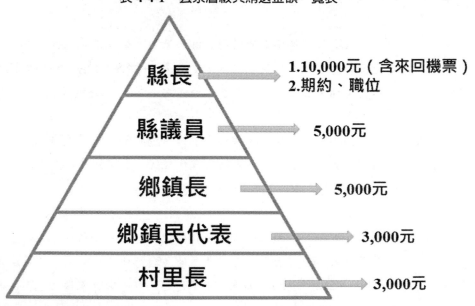

資料來源：本研究自行整理。

「有的案例如果說有進入訴訟，地檢署有提出那個的話，大概價碼是5,000元，以人頭一票算。我跑了幾次新聞，大概以4年前的金門買票最興盛的是民意代表。金門買票的價格我看可能是全國最高的。」（G1）

「今年小金門鄉長不是一個樁腳被抓，檢調查公布一票5,000元還加來回機票費用大概3,000元，這是鄉鎮層級，投票人數有限，當選門檻低，所以有這個價。」（G4）

買票手段出現「套票制度」、「一條龍」的狀況，不同層級的候選人組成陣營，向選民出售串聯2-3層級的賄選套票，一個價碼包裝數位候選人，向下掌握選票，向上保障執政資源。

「前幾天新聞報一個鄉代綁議員，3,000元＋5,000元一條龍，互相配合、配票。」（G4）

「最早最早的時候有連票，連票就是，我們三個人有票就投，可能是選不一樣的東西，但是就是包成一整個，大概就是說你要選議員我選政黨，然後你選議員可能100元然後我300元那我就拿350元給你那你就投我們三個，就找一個人，那三張就不用再去各自去投。」（G3）

「他們的調和就是一群人，而被買的也不會知道他要投給誰，要投的時候才會和他講，是有個樁腳跟他講。套票制度是一個小圈子講好，就是幾個候選人本身就有交情，知道你出來選，那就是他們會主動找人家去配。」（G2）

而一條龍的說法也適用關係鏈複雜的金門，透過「政治聯姻」的「姻親」關係，或者企業背景，「整合宗親勢力」與擴大配票基礎。

「還有姻親,金門有政治聯姻,某縣議員的兒子娶了正代表的女兒,他們就是互相配合,形成套票制度。這個正代表就在選舉的時候就跟樁腳說,像這種東西就是傳圖的好朋友抓到,可是大家都知道,代表在選舉的時候跟他的選民說你的議員就投給誰。這個議員就跟他在鄉鎮認識的樁腳,某鄉的拜就把票投給誰。村里早就已經佈樁好了,你的女兒就去他的那邊上班,你的兒子去他那邊上班。」(G1)

「像這次選舉的時候,XX 公司的船員總團他開出來,金湖鎮和金沙鎮是他帶出來的,縣長他是拉了一個人嘛,兩個鎮長不是也拉了嘛。有個XXX 的兒子當選代表,他的里長,啊我在栽培你的話,你當然也是和我一條線走了。」(G4)

除了現金跟直接的金錢交易,「期約」、「旅遊」等方式也有所聞。境外交易是無法極難蒐集證據,期約也多為口頭承諾居多。

「外面的風聲都說他們賄選,一來可能是他們很早就開始布局,二來有可能是透過境外交易,因為大陸就在旁邊,他只要去一趟大陸,不透過台幣交易,錢只要不再國內的帳戶數字看得到,可是實際上可能樁腳已經付出去了,完全不知道這邊沒有經濟活動,除非是現金交易,不然要怎麼抓?他只要坐一趟船過去,來回才多少錢,一千塊,他就完成這個動作。」(G1)

「期約就是我沒有配錢給你,可是我答應我當選之後我給你甚麼,我給你一個工作,我給你甚麼樣子的利益。可是有些人就是會相信,就像是為甚麼老人家的票容易買。」(G1)

「另外還有提供旅遊的方式,你看金門夏天旅遊,夏天是旺季,看看遊

覽車掛的團，很多都是某某協會、法人的名義，招待旅遊。」（G1）

「還有一個就是村里長他們會跟殯葬業者結合，如果家裡有喪事，村里
長會說要麼我找那一家殯葬業者來給你們用。之後可能就會有抽成。」
（G2）

而為何金門賄選容易且回收率高，受訪者表示地方小、人與人關係密切，
驗收買票成果太過容易，結構堅實，長久以來自然形成「不能說的秘密」，民
眾雖然不明言買票，但實際上卻也接受買票的事實。實際執行時間為避免查獲
更已提前至選前一年動作，買票狀況更會依選情緊張而加強力度。

「當範圍越縮越小的時候我就有辦法掌握，因為你就跑不掉，假設你家
有十個人我知道你這個村子有多少票，我就可以來做驗證，問甚麼你們
村莊沒有開到十張，就是為甚麼金門的選舉一直很牢固，賄選一直很難
擺脫，因為票很好就算出來。」（G1）

「因為之前有人做統計數據，所有人是向上提升。有種可能性，怕選不
到，所以加強買票。覺得這一屆會選得更競爭，因為前幾屆一來，本來
是當選的，被刷下來的，所以意識到這是有危險在，所以會去加強那個(買
票)力度。」（G1）

「我拿了錢，別人問我也說不出要投給誰,他們現在已經進化到一年以前
就開始在賄選。選前你也查不到也不會知道投給誰啊。」（G2）

長期以來的觀念根深蒂固是當前金門政治的隱憂，受訪者表示金門年齡普
遍偏高的民眾對於買票的意識已成自然狀態，政治責任及民意託付在交易完成
那刻起便了結，於此為地方政治發展及進程的阻礙，值得投入更多作為汰除陋

習。

「那為甚麼會這樣，我覺得這可能是那種銀貨兩訖的觀念，我配給你五千塊好了，那以後我們就沒有任何政治責任，我不用對你負責。」（G1）

「之前與長者倡導反賭場公投，阿婆突然回馬一槍說：『這個有沒有錢？』b阿婆又回a阿婆說『沒有拉，投這個賭場的沒錢，投議員選舉的才有錢啦！』我的意思是多麼根深蒂固的觀念，他認為博弈公投沒有錢沒錯，但是明年的議員選舉一定會有賄選。」（G1）

「這次有選民，用閩南語問有沒有錢，就是看我有沒有要買。就是說我要沾一下口水才能夠穩選上，然後問我有沒有興趣，甚麼時候來找我們。我聽了快吐血，我就覺得這是甚麼社會，就覺得這些東西在這些選民的觀念中已經根深蒂固，哪怕我選上，也被人說真的沒有買嗎？」（G1）

「回收率很高那我跟你講一個笑話，不知道是幾年前了那時候投票截止時間是4點然後那個時候有一個阿婆4點5分到，然後他就不讓那個阿婆進去，那個阿婆就說我已經拿了人家的錢了，如果不去投票的話覺得很不好意思，因為老一輩的人的一些道德觀念。」（G3）

第五節　學生因素與網路因素

通過對深度訪談內容和金大學生開票結果以及結合各網路平台的分析，來瞭解影響金門大學生和網路這兩個面向的因素對於金門投票選舉傾向的因素。

壹、學生因素

一、認同感

政治認同感的高低會直接影響到個體參與政治的積極性，高政治認同感的個體會積極參與政治過程；低政治認同感的個體會將自己排除在政治活動之外，相對呈現出政治參與的冷感，從而不願意參與政治。金門大學的學生對於金門的政治普遍不太瞭解，而且金門的選民結構是比較傳統封閉的，金門大學的學生是來自台灣各地的，會對金門當地的選民結構產生衝擊，金門大學的學生作為年輕人對於政治資訊的接收大部分來自網路，社群媒體成為影響金門大學生的主要宣傳管道，影響金大學生的認同感的有以下因素：

1、身分的認同感

金門縣政府所訂定出金門大學生可享受的福利政策（包括：三節配酒，交通圖書券，縣政府補助，機票七折等），會吸引金門大學學生將戶籍遷來金門，但是大部分學生畢業之後就會將戶籍遷回台灣，從而導致金門大學生對於這片土地的認知、認同感比較低。認為自己只是四年匆匆而去的過客，所以不會與金門縣縣民一樣關注金門的選舉和候選人政見。

2、候選人的認同感

部分金門大學生覺得金門政治人物的普遍素質並沒有達到心目中對於候選人的標準。從與 G1 的訪談中可以知道，他對金門政治人物的競爭能力十分的不看好，因為他認為在金門沒有所謂的監督權，而行政首長也不會將縣市的基本治理作為他政績的最大助力，反而只用標新立異、效期短的獨立政策來麻醉人民。

3、連結程度的認同感

之前金門大學的大學生與社團會和外面的社團協會常有接觸，自然而然也會對參選人有所接觸，往後在選舉期間加深了與地方的連結，所以也會參與各候選人的造勢晚會，支持自己心目中的候選人。但是，現在的金門大學生與外面的社團接觸比之前少很多，所以各個候選人學生們也並不熟悉，從我們訪談中也發現現今的金門大學生對於金門的選舉是瞭解不深的。

如受訪人所說：

「學生要對這塊土地有認同，假設他不出來投票，那對整個民主制度是沒有影響的。他們的回應的過程中其實可以感覺到他們對政治是很冷落的。主要的原因是因為，有很多學生他來這邊是指念四年書，就離開了，他不認為說，政治人物或參選人提出來的政見，對他們有實質的幫助性，因為他們就走了，學生的角色，我接觸到的，我不曉得你們認不認同，因為每個學生的觀感不一樣。」（G1）

「整個結構都崩毀，因為沒有所謂的監督制度，行政首長哪會把一個縣的事情治理好來幫助他的政績，他只能夠獨立政策來麻醉你，我個人覺得是這樣的。」（G4）

　　經過選後第二次對 G1 的訪談得知他認為自己對於學生的影響力是比較小的，因為主要是通過用政見和理念來影響學生，但是和學生的互動就只有迎新活動，但是大一新生都是沒有投票權的。所以 G1 認為學生瞭解自己的管道就只有一些平面的書寫和網路上的影視資訊的投放，然後對於公報政見的書寫是在所有的選舉候選人中最認真的，通過開票結果得知，雖然 G1 並不是在金大學生所在的投票所中開票的最好的，但是數量也是相當可觀的，說明 G1 的做法還是有得到部分金門大學生的認同。G1 在選後還是認為是很難讓大部分金門大學生參與到金門的投票選舉之中，因為他在和學生的接觸中瞭解到學生畢業之後也是會回台灣，所以金門這邊的政治對他們也沒有什麼影響，所以也不太會去投票。
　　如受訪人所說：

「我的方式和他的方式不一樣，我是希望透過我的政見和理念去影響學生，老實說我跟學生的互動幾乎是零互動，如果有的話就只有是去迎新

會那個時候我敢說我是所有候選人裡面寫選舉公報政見寫得最認真的，而且是最敢勇於表達對這些事物的看法，而且對還有對未來的一些方向，不管是透過平面的書寫或是錄影視訊影像的撥放。」（G1）

「其實坦白講現在的學生對政治都還蠻冷感的，除了你們系以外。所以我們這些候選人其實是很難去影響學生的。然後我在上課的時候也都特別有說不談政治，但是只是偶爾會有一兩個學生下課私底下跑來問我一些有關政治的東西。然後也有說他們畢業以後也就會回台灣了，所以金門這邊的政治對他們也不會有影響，所以他們基本上也都不會去投票。」（G1）

二、候選人因素

1、選舉候選人與學生的連結

是否本身有參與社團或者體育協會，加深學生對於選舉候選人的熟悉度。類似於互幫互助，學生在受到幫助之後也會自發性的去幫助這位選舉候選人。但是由於金門選舉參選人其實平常不太會去接觸學生，只有在快要選舉的時候才會開始接觸學生，例如參加社團或者體育球隊。在選舉候選人接觸社團中，有時可能會提出吸引學生的政見，然而往往這樣的政治支票兌現的可能性很低。以及還有其中一個原因是，金門大學之前發生的賄選案件，導致之後候選人對於和學生的接觸會變得較敏感，風險也相對會變高，所以候選人只能通過參與社團活動的方式來拉近與學生之間的關係。

2、政府行政資源與學生的連結

金門縣議會之中有一項基金是專門對金門大學的一種補助，可是這些對於金門大學的補助款項，基本上都是用在學校的設備等等，給金門大學生帶來的直接感受較少，因此學生較難體會其資金款項的流向。還有其中一個原因是因為候選人提出的政策或是政見也較難能夠直接幫助到金門大學生，選舉候選人平常和金門大學的學生接觸也比較少。因為金門大學是國立大學，對於金門大

學影響最大的是教育部，所以候選人比較不會對金門大學生有較實質性的幫助，因此便不太會去關注候選人和其政見。

如受訪人所說：

「我覺得現在你們的學生和社團與外面接觸比較少，以前比較多。你們最近的學生都變得比較少學生會跟外面協會的團體接觸比較多所以被影響到出來投票，可是我覺得現在金門大學學生在外面我覺得很少，比較少的話就會沒有誘因，而且選的那一個人學生們也不認識，而且還是在禮拜六選，所以出去玩的人就會比較多，懶得出來投的人就會比較多。」（G3）

「以前金門大學都會出去幫忙做造勢晚會拿著旗子之類的，但是現在就幾乎沒有了變得很少。現在看有沒有辦法去那現在就是要看有沒有辦法進入某一個團體，然後從一開始就被照顧，然後跟社團表演配合之類的這個才有可能。」（G3）

「縣議會成立一個基金，每年給金大的一些補助，可是那些東西實質上很難，也不是說很難，有落實在學校，可是學生是無感，譬如說，我講個實在話，他可能專款說去買個設備或是買甚麼東西，是沒辦法，學生很難看的到說，那錢用在哪邊。」（G4）

但是根據金門大學生選舉投票的 36 投票所開票結果來看，卻發現了與訪談內容有所出入。通過對 G1 的訪談，發現部分金大學生是對政治冷感的，但是在金大學生最多的 36 投票所的開票結果發現，投票率是 49.64%，在金寧鄉的投票率中是排名第一的。這可以分析出金門大學生雖然平常對政治冷感，但是對於投票選舉的參與度是高的。通過對訪談內容的採訪發現，候選人有鑑於之前賄選的事情，怕因與學生互動過密而招致懷疑，故普遍與學生保持距離。但

是通過我們針對候選人的背景調查，發現在佔大部分學生選票比例的 36 號投票所，獲得比較高票的候選人都是與金大學生們多有互動與接觸，而方式與管道大致分為三類：

(1)參與學生跨系賽事或參與社團、學生會活動。

(2)擔任學校講師。

(3)本身為金門大學的畢業生。

在 36 號投票所中，縣長候選人楊鎮浯的得票數要高於同為候選人陳福海，透過分析與觀察，楊鎮浯比較常和金大學生接觸的是金門大學的跨系賽事活動，相較於陳福海接觸金大的單一系所要有更多的學生群體；在縣議員候選人中我們發現的是相較於其它縣議員候選人，董森堡和郭金堡因為經營的是在網路方面的管道，年輕族群比較常接觸，相對得票會較高；而在鄉長候選人中，得票率最高的是楊忠俊，也是因為其接觸青年組織以及金大畢業的身分，從而來擴大自身影響力。最後經過與訪談內容可以得出結論，雖然金門大學生對於政治的不感興趣，但是透過不同管道以及形象傳播方式，若能在學生群體中建立良好的形象，對於拿到學生票數是十分有幫助的。

針對分析金大生因戶籍劃分而大部分劃歸在第 36 號投票所的開票結果，以及訪談內容、長期觀察的資料彙整，特別製作以下表格。表格包含：與大學生互動之縣長候選人、縣議員候選人、鄉長候選人的姓名、得票數百分比以及經營、宣傳形象的管道。

表 4-5-1　2018 年金門五合一選舉第 36 號投票所投票行為分析表

縣長候選人	當選	票數	本所百分比	經營形象
楊鎮浯	◯	309	55%	學校跨系運動賽事 QBL
陳福海		234	45%	觀光系為主要連結管道

縣議員候選人	當選	票數	本所百分比	經營形象
翁銘駿		45	7%	青年組織、學生系會、陳福海團隊、贊助金大街舞社
郭金堡		93	15%	網路經營、金大 LINE 官方帳號
徐銀磯		36	6%	金大運休系講師
董森堡	○	122	19%	網路經營、金大行政助理、金大島嶼休閒資源發展研究所碩士
歐陽儀雄	○	55	9%	金大運動休閒系碩士、學校社團指導老師
楊霈璿		103	16%	弟弟金大都景系畢業、網路宣傳
唐麗輝	○	13	2%	金大社工系兼任講師

鄉長候選人	當選	票數	本所百分比	經營形象
楊忠俊	○	121	21%	主動接觸青年組織、金門技術學院畢業
許慧新		156	27%	金大運休系進修部學士、進修部學生會長

陳成泉		126	22%	金大國際系進修部學生
李正騰		95	17%	青年組織，與楊忠俊相同方式

資料來源：本研究自行整理。

貳、網路因素

在網路越來越蓬勃發展的時代中，社群媒體成為選戰期間政治傳播的重要管道。社群媒體使用率愈高、愈關注社群媒體選舉訊息的選民，無論是透過候選人的社群媒體或者是個人社群媒體，皆愈有可能參與線上或線下的政治活動，如參與線上選舉議題討論、連署或捐款、遊行等。而個人社群媒體的選舉訊息使用率愈高，投票可能性也愈高。

社群示好行為則證實與投票可能性呈現正相關。在社群媒體盛行的時代中，選民越常在社群媒體上與候選人為友、加入其粉絲團或者按讚，表現出類似「政治粉絲」的角色，在網路平台關注候選人們的資訊，越有可能去投票。

少數討論社群媒體對政治參與行為影響的研究，多以大學生作為研究的主要對象而且研究的結果分歧。有些學者認為社群媒體對年輕選民的政治態度以及政治行為的影響極其有限；但也有學者指出，社群媒體的使用能夠有效預測政治態度與行為。

現大學生使用臉書主要是為了校園活動、社交、娛樂、尋找自我的需求，而這些臉書的使用也確實與線下的公民與政治參與行為有正向關係。大學生會透過臉書社團活動來參與公民與政治活動，包括在校園中組織會議或集會等。

在金門的選舉環境中，增加了金門大學的學生之後，其變得與早期的傳統金門社會有所差別。早期的金門傳統社會中，網路並不是那麼普遍的發展，老一輩的在地金門人都是使用口耳相傳，或是從金門日報中得到資訊。然而年輕一輩的金門大學學生加入之後，其主要獲取資訊的管道來源便是網際網路，透過社群媒體的方式來獲取最新資訊，這是傳統金門與後來有外縣市學生加入的不同差別。

因此候選人為了因應此不同的變化，若是再採取和以前同樣的方式的宣傳

手法，其或許在金門大學學生這一部份的選民中，獲得不到彰顯的效果。候選人若是與時俱進的變化宣傳手法，使用網路的方式傳達自己的宣傳理念，運用這樣的方式，能傳達到給年輕一代的金門大學選民的機率會較提升。

　　社群媒體早已不僅僅是選民蒐集資訊的線上平台，更重要的是能透過發表政治評論或分享多媒體資訊與他人互動。而政治活動的類型也分成傳統網絡資源、社群媒體與線上表達，以此來探討與政治效能和政治參與之間的關係。因此，透過社群媒體參與線上政治活動逐漸被視為一種政治參與行為的具體實踐。

　　由以下訪談內容可加以佐證以上觀點：

> 「我覺得這種臉書的興起跟金門的年輕政治，民主政治是有加速化的作用，可是有沒有辦法到達那麼快的制度就不一定了，因為現在網絡也有很多假消息，網軍也很多，不管是出來護航的，還是出來批判的，很少人都是就事論事的，不過我覺得有臉書和 LINE 的其實對金門民主政治多少有些幫助性，我講實在話，金門的老人家唯一接受外界資訊的管道是什麼？金門日報，年輕人會有不一樣，我覺得這是有幫助的，加快他的速度，可是有沒有辦法達到很大的成效，或許年底可以驗證看看，我覺得有人做年底的選舉或質辯，我覺得這種東西很難說，你不知道會不會萬人按讚，一人到場。」（G1）

第五章　2018 年金門縣五合一選舉之探析

　　2018 年金門舉辦五合一選舉，在本次選舉中包含金門縣第七屆縣長、縣議員、第十二屆鄉鎮長、鄉鎮民代表與村里長選舉。

第一節　宗親會與縣長選舉結果之分析

　　金門縣在今（2018）年第七屆縣長選舉最為引人注目關切，主要原因在於此次縣長候選人人選不再是陳李兩大宗親權力角逐的局勢，候選人焦點為國民黨籍楊鎮浯與現任縣長陳福海之對決，且由國民黨籍的楊鎮浯以 801 票數擊敗尋求連任的現任縣長陳福海，因而楊鎮浯成為金門縣首位非陳、李兩大姓氏之縣長。

　　因此，在第七屆縣長選舉之選民的投票因素具有相當值得研究的價值，本研究試以深度訪談法、票櫃分析法以及問卷調查等研究方式，分析影響本次縣長選舉最關鍵之因素為何？以及探討首位姓楊的縣長當選人的選舉結果，是否可以推論金門已經擺脫長期以來宗親宗族政治之影響力？

壹、宗親會在政治選舉上的互動關係──以訪談內容分析

　　金門縣過去為兩岸軍事角力的前線戰場，自 1993 年戰地政務解除後展開第一屆民選縣長選舉，在過去研究金門地方選舉的文獻中，可以發現宗族宗親因素為影響地方選舉一個不可忽視的投票因素。再加上，金門自然村的特色，同姓村民幾乎都有血緣的關係，同宗族之間組成宗親會，參與宗祠祭典、家廟奠安慶典、邊修族譜等皆是聯繫宗親關係的無形力量，有其深層的社會與文化含義，然而，此力量常在選舉時期更被視為候選人動員的一大票源基礎，因此，

當地更有大姓出頭天，小姓奈何天之說[7]。

本研究進行 18 份的深度訪談，受訪人主要為金門宗親會擔任要職或服務於政界的政治人物，經由深度訪談的內容，使本研究深入掌握問題脈絡，瞭解宗親勢力對於金門選舉生態的實質影響力，並藉由訪談驗證研究主題之思考邏輯並加以修正。

透過深度訪談內容瞭解金門宗親政治的起源，由宗親會所組織的血緣宗族關係，歸類整理幾點宗親會與選舉之關係，大多數人認為金門的選舉與宗親會的關係有相關性

一、宗親政治的起源與對縣長選舉之影響力

金門因為地理的封閉性與自然村的特性因素下，促使宗親會扮演著聯繫宗族情感很重要的角色，更是在選舉時期宗親會動員以宗親血緣、地緣、地域的社會網路為基礎，所凝聚的緊密與強烈的血緣意識，進而影響選民的投票影響因素。然而，宗親會是如何在金門的地方選舉發揮影響力，以及其起源又從何而起？在深度訪談受訪者 F3、F1 與 A1 之內容，可知宗親會選舉動員起源與層級影響力：

> 金門在戰地政務時期出任縣長是李清正，讓古寧頭李氏開始雞犬升天，李氏宗親會也開始組織且壯大起來，而政治利益自然會優先分配李氏，李氏就很有計畫的盤踞在金門政治的各個角落。接下來戰地政務解除民選縣長，陳水在當了 11 年的縣長，開始將金門十三陳組成陳氏宗親會，成為他搖旗吶喊的部隊，在政治資源分配上，陳家自然能佔據所有資源，**宗親會的影響力開端，也就是從這開始的，人多不是絕對因素，而是行政資源的分配所致……**（F3）

> 如果是宗親對選舉層級的影響力大小，要先界定您擔任的是行政職務，

7　洪進業（2004）。大姓出頭天！小姓奈何天？。金門日報。2018 年 12 月 01 日，取自 https://www.kmdn.gov.tw/1117/1271/1276/34459

> 或者民意代表，在縣長選舉層級會最明顯，因為擔任行政首長父母官可
> 以有效掌握資源，例如李沃士、陳福海上任的時候各自的宗親會蓬勃發
> 展為發展時期最高峰。陳氏宗親會較為紮實，有組織性，陳縣長就為地
> 方派系樁腳型……（F1）

> 宗親在金門的選舉影響很大，而且宗親會支持宗親。現任縣長因為他是
> 十三陳，金門陳是大姓，逢年過節就送禮物請吃飯，陳氏宗親老一輩的
> 觀念，拿到東西就開心，會給宗親小恩小惠來鞏固地位……（A1）

　　由上述訪談內容可得知，宗親會的起源是來自於第一屆民選縣長時，所組
織動員的宗親勢力，透過獲得行政資源後進行權力分配以鞏固其宗族利益，並
以此更為熱絡發展其宗親會事務。以陳家為例，以第一大姓氏人口數為選票基
本盤，組織動員宗親會的人際關係網路，宗親會推派候選人代表參選縣長，爭
取共同宗族利益，進而光宗耀祖。在 2009 年陳氏宗親會通過徵召陳水在參選縣
長時，陳水在表示願意「承擔責任，陳氏已經有八年沒有做縣長，不可再不做
縣長八年。[8]」此話可見，縣長選舉常以同宗親宗族凝聚選民力量，並以獲得掌
握行政資源之大權為目標。

　　若論及金門宗親對於選舉層級的影響力，訪談者一致認為「縣長」選舉為
宗親間動員最大的，且在縣長選舉中宗親的影響力是最大，因為大姓較有能力
動員其人際關係網路，小姓空間較小。由以下受訪者之內容證實：

> 陳李兩大姓氏人多人才多，在政治上容易選贏，先不論人選好壞，在選
> 票結構上有優勢，大宗族具有優勢，贏得權力的姓氏，在選舉中容易獲
> 得勝利，因為來自於宗親的幫助很多……（F1）

---

[8]　張建騰（2009 年 08 月 09 日）。選縣長陳水在獲宗親會徵召。金門日報。2018 年 12 月 8 日，取自
https://www.kmdn.gov.tw/。

金門兩大姓氏，在第一任縣長陳水在與陳氏宗親的淵源很深，第二任縣長李炷烽跟宗親連結也很深，以前縣長和立委都是這兩大姓氏，直到楊應雄才突破兩姓勢力，因為楊應雄在服務的過程中有了服務的連結，楊鎮浯才有機會。**其實在縣長和立委的選舉，小姓在金門還是很難挑戰的**，因為金門沒有派系，沒有利益純粹是宗族的聯誼，所以沒有派系的形成，那要跨越宗族這關，難度蠻高的……（F2）

宗親會包含幹部出來動員選民，頭頭都出來了你還好意思跑票嗎？這也是凝聚力的一種展現，整體來說，我認為宗親會對縣長、鄉長、立委影響很大，議員這一層級比較不會，單一席次動員的能量比較大……（B3）

大姓宗親人多的宗親會影響力自然就大，人少的自然影響力就小，像是：陳、李、六桂、董楊，他們人多包括的會員多，自然影響力就大。**我記得過去幾十年的政治都跟宗親脫不了關係。很多透過宗親會的動員來拉攏選票**……（F4）

二、宗親會之選舉動員與縣長推選機制

金門的選舉動員中宗族勢力足以影響到選舉情勢，而這種強而有力的宗親勢力憑藉著宗親會舉辦每年的祭祖、「吃頭」餐會與協助婚喪喜慶等活動，將老中青三代相聚一堂，以此拉進宗親情誼，且金門宗親會的聯繫活動相當活絡。透過內政部 2016 年各級人民團體活動概況調查報告，得知近 5 年全臺灣社會團體成立增加情形，以社會服務及慈善團體居冠，學術文化團體居次，兩者合計占逾人民團體的 44.3%[9]。反觀，根據金門縣社會處統計報表顯示，截止 2018 年上半年登記社會團體數量總計 537 個，以宗親會數量居冠，計 176 個占金門

---

[9] 內政部統計處（2018）。105 年各級人民團體活動概況調查。2018 年 12 月 1 日，取自 https://www.moi.gov.tw/chi/chi_site/stat/node.aspx?cate_sn=&belong_sn=7561&sn=7611。

縣社會團體比例高達 32.8%[10]，其次為學術文化團體 73 個，占 13.6%，可見金門在社會團體組織中以宗親會會務最為熱絡且宗族間情感聯繫緊密。

　　金門宗親會舉辦每年的祭祖、「吃頭」餐會與協助婚喪喜慶等活動，將老中青三代集聚一堂，此時宗親會已無形中成為政治人物經營的舞台之一，由訪談內容可得知，多數候選人與政治人物必須長期與宗親會有良性互動關係，以此來穩固其支持票源。且若是陳李大姓有在經營的話，在選舉的時候能夠比小姓候選人有更大的基本盤。由訪談內容可更清楚瞭解宗親會的組織動員：

> 宗親會的動員大約是一年兩次的祭祖活動或宗親裡的婚喪喜慶，就已經在動員了，這樣的凝聚行為本身是存在的，你在平時的活動都有在幫忙，這是最考驗的時候。而且金門人很講人情，欠人一份情不能不還，這就是為什麼金門政治人物跑公祭很勤快的原因，白帖人一定要到，不去人家會咒罵好幾年……（F3）

> 你在宗親的服務和貢獻不夠，在宗親會就不夠有影響力，不足以使宗親支持。宗親有沒有影響力是在於候選人有沒有去積極經營，候選人投入更多，宗親會的影響力才會凝聚……（B3）

> 我是因為選舉才跟宗親有連結，去關心宗親的事物，參加宗親會的事物，如果宗親有交付任務就會去執行，也在這個過程中開始有連結，平常在政務上的服務再加上血緣的羈絆，所以才會跟宗親的連結很深……（F2）

　　宗親會的推舉機制與政黨的提名機制雷同，由欲參選的會員先行登記，再由宗親會內部的理事及監事開會討論決定推舉候選人，並傾全宗親之力去輔助該候選人，使其順利當選（林政緯，2016）。然而，各宗親會在推舉方式並不

---

[10]　金門縣社會處（2018）。金門縣工商、自由職業及社會團體 107 年上半年報表。2018 年 12 月 1 日，取自 https://social.kinmen.gov.tw/Content_List.aspx?n=A64ED76D536A8FE9。

完全相同，陳氏宗親會是金門宗親會在選舉推選人選中最具有明文規範「穎川堂金門縣陳氏宗親會輔選本宗子弟參政實施辦法」，以促進陳氏宗親團結，以期順利當選，為族親爭取榮譽，本研究主要討論陳福海與楊鎮浯各自代表的宗親會在選舉推選與動員為討論，如同受訪者 F2、F1 表示：

> 陳氏宗親是幹部投票推選候選人，有選舉辦法，但只有中央級的縣長和立委才有選舉辦法，其他則是以協調方式決定。這次以現任要連任的候選人為優先參選，是從陳水在時期就有一套選舉機制，延續當時的機制，主要是在縣長、立委和鄉鎮長……（F2）

> 楊家沒有初選機制，表態、競爭、協調、鼓掌通過，支持楊家的人選是情感上的支持，相對傳統，沒有組織化。初選會導致宗親掛勾會變質，不希望與政治……（F1）

　　候選人透過宗親會加強宗族對自己的認同，是一種光榮感的呈現，尤其在選舉期間更是密集的舉辦聯誼座談會，以有效團結宗族感情。然而，各個宗親會在組織動員的方式不盡相同，陳李兩大宗親會較有組織性，開宗祠門告示祖先，公開推舉支持。而小姓的宗親會則是由長老表態支持，凝聚共識。如同受訪者 F2、B1 與 F1 表示：

> 每年都會有宗親的座談會，聯絡鄉親的情誼，在選舉期間，也會召集宗親到宗祠，傾聽他們的意見，那在選舉期間宗親會活動更密集也是正常的現象，是由宗親會主動邀請我去參加……（F2）

> 宗親會動員選舉，簡單的就是挨家挨戶主動幫忙說服，主要是陳氏宗親會裡面，像是理監事、理事大會，然後各自回去發揮。若是遇到有人不願意支持，宗親也會去瞭解去說服，每年也都有下鄉座談會，而且選舉

期間下鄉座談會會更密集……（B1）

楊家在宗親大會的時候表態，宗親支持。金門有三個地方官澳、中東堡、湖下姓楊，三大長老會碰一碰說要支持，凝聚共識，出人撐場子，非組織性的。陳家則是大宗，13 宗開祖厝門到宗祠開會，把村莊所有姓陳的長老找來開宣示會，遇到重大事項議決。戰鬥意識提高，個人責任區劃分，有效組織動員……（F1）

三、第七屆縣長選舉影響要素—宗親

　　在第七屆縣長選戰中，楊鎮浯獲得國民黨黨內提名角逐金門縣縣長，並在董楊宗親會的支持下，與陳氏宗親會參選的現任縣長陳福海進行對決。以宗親勢力的角度來看，楊鎮浯曾是李沃士縣府團隊人馬，李姓宗親支持楊鎮浯的比例偏高，[11]且在此次楊鎮浯的競選團隊由李增財擔任總幹事，亦有拉攏李氏宗親票源之作用。此次選情雖有別於過去陳李對決之勢，但由選戰操作上仍可視為陳李對決。由訪談者 B1、B3 的訪談內容佐證，即使楊鎮浯非屬大姓，但在選戰打法經營仍希冀能夠拉攏第二大姓氏李氏來抗衡陳氏的強大票源。

　　　　此次縣長選舉中，董陽推舉楊鎮浯參選，**李董陽聯盟，蔡許王與陳姓結盟**，考慮各姓氏參選人，互相幫忙牽動，分配資源，但不是緊密的結合，並不強勢……（B1）

　　　　基本上，李陳之間當然有一點面子問題，都有人出來選，要支持誰？就像此次**楊鎮浯出來參選，李家與楊家合作的機會是大的，就像他的總幹事是李增財，也是有一點因素。李楊宗親會之間不會明講，但合作的機會比較多**……（B3）

11　楊毅（2018 年 5 月 20 日）。【金門選情】淡化陳福海「宗親票」勢力 國民黨將強攻 2 大議題。上報。2018 年 12 月 1 日，取自 https://www.upmedia.mg/news_info.php?SerialNo=40671。

　　陳氏宗親會雖人多，在凝聚宗親力量時像一塊蛋糕比較蓬鬆，團結度和密度來說比李氏宗親較弱，在過去的選舉中陳氏內部亦有分裂的現象，被人譏笑為「劈腿陳」（林政緯，2016）。今年陳氏宗親會在推選陳福海參選縣長的作業流程讓人議論紛紛具有爭議性，讓原先有意參選的議員陳滄江與議員陳玉珍不服，但仍然在宗親會的溝通協調下，放棄參選，以利團結陳氏力量[12]。

　　爭議的部分在於選前宗親會公告登記縣長參選人的資訊並不透明，僅有少部分人知道，僅有陳福海一人登記，最後由理監事會通過決議由陳福海代表陳家參選縣長一職。而後，陳氏宗親會於 8 月 17 日報府修改參政辦法，新增一條參選資格為「現任縣長、立委、鄉鎮長任內未涉及重大法律缺失，由本會理監事會議提案，經會員代表大會審議通過，直接提名參選連任，並由宗親全力輔選。」由此，被外人認為是理監事內部為擁護陳福海參選正當性而新增，而陳滄江亦針對第九次理監事聯席會議及第四次會員代表大會臨時會議通過提名，陳福海宗長代表陳氏宗親會參與 2018 年金門縣長選舉一案，認為宗親參政不可因人設事，前後標準要一致，宗親會人才很多，應建立宗親會長久的制度[13]。由受訪者 E1 與 E3 的訪談內容證實陳氏宗親會在初選的作業上有所爭議。

　　　　陳家一直以來都有推選機制，但在今年選縣長則變成推派，成了特定人操控因人設事的黑箱作業……（E1）

　　　　陳家的初選機制也不落實，他們初選機制這次和上次不一樣，所以陳滄江不爽，就是因為不透明，不是說大家鼓掌就通過，應該要照程序來走，但上次有照程序來，而這次沒有……（E3）

---

[12] 陳營人士表示，陳福海擁有金門最大宗親力量陳氏宗親會的支持，加上原本有意競逐的陳滄江議員於今日上午宣佈退出民進黨，但不參加今年底的選戰，讓陳氏派系整合更加單純，有助於陳福海順利爭取勝選連任。（2018 年 08 月 31 日）。取自 https://tw.appledaily.com/new/realtime/20180831/1421867/

[13] 莊煥寧（2018 年 04 月 30 日）。陳氏宗親會會員大會 籲支持縣長連任。金門日報。取自 https://www.kmdn.gov.tw/1117/1271/1272/293279/

　　透過訪談陳氏宗親會之幹部 B1 表示宗親會初選爭議並無此事，是因陳玉珍與陳滄江未登記參選，故然通過陳福海參選案。其中訪談內容更提到懲罰機制，值得注意在修改辦法中，除了新增參選資格之外，更新增了違規處分「對非當選為本會之輔選對象，其個人若違背宗意旨，罰則為永久，喪失為本宗之輔選對象，本宗各種活動拒絕邀請參與。」由此佐證 B1 所述，此條處分有效的勸退了原有意參選之候選人，必須服從於陳氏宗親會之決議，否則將失去與宗親會來往之機會，受訪者 B1 訪談內容如下所述：

> 此次縣長選舉陳玉珍、陳滄江本來也都鬧得很厲害，後來也是被我們勸說下來，這次縣長選舉不是不辦初選，而是在去年開會有提議有放出消息，但是當時只有陳福海登記，陳玉珍、陳滄江都沒有來登記，因為只有一人登記所以就沒有初選，就直接理監事通過、理大會通過。如果不參與登記初選而參選就是不尊重宗親，宗親也不會支持，**規定辦法後面有懲罰的機制，如果他們不聽宗親會決議也會有後續懲處，所以陳滄江、陳玉珍就被勸下來**……（B1）

　　儘管此次陳家在選戰前內部初選機制上有些爭議分歧，但最終還是由宗親會進行協調進而將陳家勢力團結一心。反觀楊鎮浯在面對團結且強大的陳氏宗親會，勢必要拉攏其他宗親團體與陳氏對抗，因此除了鞏固本身在董楊宗親會的基本盤之外，更試圖要拉攏李氏宗親會與六桂宗親會與其他團體支持。由訪談者 F1、F6 與 E1 的訪談內容可以證實，楊鎮浯在過去與李氏的良性互動，必須要拉攏李氏大姓支持才有機會對抗陳氏力量。

> 楊鎮浯曾在前縣長李沃士執政時期擔任其觀光處處長，因此楊家這次也尋求李家的幫助，光靠楊家要打垮陳家十分困難。陳家的基本盤大約有 7、8 千票，李家基本盤約有 4 千票，楊家的基本盤約有 2 千票，所以李楊聯合對抗陳家才比較有機會……（E1）

宣示意義讓李家覺得我們是親近的，實質的到李家去博情感，要感受是同一陣線，第一靠情感，第二就是宗親要角的利益交換，實質結盟需要條件，職位的許諾等等，要看各政治人物的風格，在策略上還是希望李家支持，實質上不會用傳統的方式去交換，交換是有代價的……（F1）

這次李楊合作，楊鎮浯找姓李的當競選總幹事，因為姓李的比較不會去挺姓陳，因為每一屆陳李都是在廝殺，會搭配一些小姓去策略聯盟……（F6）

此外，金門有 3000 多名大陸籍配偶，較不受宗親勢力影響，而楊鎮浯的夫人、弟妹正好也都是大陸籍配偶，相較於陳福海，楊鎮浯在爭取陸配票源支持將擁有相當優勢[14]。

在訪談中亦討論關於此次在縣長選舉中，李家未能推派出一人代表參選之情勢，被視為李氏宗親會在選舉動員以及政治人物的培育上相對於陳家是消極的。如受訪者 F3 所述：

在這場縣長選舉中李氏沒有缺席的理由，這次缺席未來也很難有機會了，全金門最大的兩個宗親會，就是陳氏和李氏，竟然還面臨到人才短缺的問題，可見宗親會的架構是很空虛的。而這次李誠智選金城鎮長、李正騰選金寧鄉長，金城鎮和金寧鄉人口分別占金門 40% 和 20%，兩隻翅膀都出現了！卻少一個雞首，瞻前顧後真的很可惜。李氏宗親會是公認經營最成功的宗親會，但他們的人才儲備庫和備戰思想是零，這就是空洞……（F3）

李氏宗親會在過去皆是由候選人自主性表態參選意願，宗親會僅是擔任協

---

[14] 出處同註釋 5

調與支持的作用，並未有明文規定參選辦法，是相對於陳氏宗親會較為和諧與輕鬆的推選方式，主控權多在於候選人自主經營，由受訪者 B3 之內容佐證。另外受訪者 F6 認為李氏過此次未能推選出縣長候選人一事後，如上 F3 所述少了一個縣長候選人來領頭帶領金城與金寧一對翅膀，造成宗親的基本票源分散之情況。如下受訪者之內容以此佐證：

> 從擔任宗親會的總幹事開始有機會去經營，自己去找舞台，也不是說你跟他同姓他就投給你，也要有經營，跟宗親有連結，多跟人家接觸，人家才會投給你，這算是一種捷徑。如果比較積極的人就會投入宗親會的事務，你在選舉的時候，會比較有多機會，不是說李氏宗親會去培養人去選，沒那麼屬害……（B3）

> 陳氏宗親會有推選辦法，但李氏沒有。經過這一次的選舉，有在研議說下次選舉有推選的辦法出來，單一席次如果沒有提名，宗親的基本盤票源就會分散了，分散之後你沒辦法去做協調或整合，那就要有推選機制了……（F6）

貳、影響第七屆金門縣長選舉因素分析

2018 年金門縣縣長之爭跳脫以往的陳李競逐模式，由爭取連任的陳福海和立委楊鎮浯兩方對抗，陳福海以獲得金門最大宗親會陳氏之表態支持，並且掌握現任行政資源之優勢，能否連任成功，端看近 4 年的勤於耕耘基層之成果。然而，對手楊鎮浯則是獲得國民黨推派代表參選，以其年輕形象吸引選票，更在宗親方面以董楊宗親會為基本盤，並且積極拉攏其他宗親會支持，儼然成為一位強力的競爭者，兩方在激烈爭霸角逐下，可從表 5-1-1 得知，最終由楊鎮浯以 801 票些微差距擊敗原勢在必得的現任縣長陳福海，進而當選金門縣第七屆縣長，突破歷屆縣長選情非陳即李之常態，成為首位非陳李姓氏之縣長。

表 **5-1-1**　第七屆金門縣縣長選舉候選人得票一覽表

號次	姓名	推薦之政黨	得票數	得票率	當選
1	楊鎮浯	中國國民黨	23,520	47.78%	◎
2	洪志恒	金門高粱黨	832	1.69%	
3	汪承樺	教科文預算保障 e 聯盟	403	0.82%	
4	陳福海	無	22,719	46.15%	
5	謝宜璋	無	1,389	2.82%	
6	洪和成	無	366	0.74%	

資料來源：中央選舉委員會，http://vote.2018.nat.gov.tw/pc/zh_TW/index.html，檢索日期：2018 年 12 月 15 日。（本研究自行整理）

一、候選人因素

　　透過本研究進行的出口問卷調查，詢問受訪者對於「今年的縣長選舉中，影響其投票最主要的因素為何？」由表 5-1-2 得知，影響選民要素中，以「候選人政見」為第高比例占 28%，其次為候選人形象占 26%，第三則為候選人經驗占 19%，統合前三大影響因素占整體高達 73%，表示候選人因素在此次縣長選舉中為主要影響因素。

表 **5-1-2**　金門縣第七屆縣長選舉選民投票因素統計表

因素	次數	百分比%
政黨傾向	92	7
候選人經驗	253	19
候選人政見	371	28

因素	次數	百分比%
候選人形象	345	26
同宗族關係	65	5
接受過候選人的協助	46	3
親朋好友的拜託	107	8
其他	56	4

資料來源：本研究自行整理。此為複選題，可複選 3 項。

　　本研究以出口問卷調查數據中，本次縣長選舉占第一大影響選民投票因素為候選人政見，並以此分析陳福海與楊鎮浯雙方政見內容，如表 5-1-3 所示。陳福海在競選本屆選舉則為選民對其過去施政之考核，回顧自 2014 年陳福海上任縣長至今的施政表現爭議不斷，三大議題分別為金酒、賣地以及用人之爭論。首先，重傷陳福海最重的莫過於「金酒 1600 公斤酒麴運至中國東北試釀案」一事，將金酒核心酒麴送至試釀以利未來至東北建廠構思，被揭露陳福海為幕後操作者，視為回報支持其參選金主之回饋。除此之外，金酒人事更動頻繁，四年內五位董事長、三名總經理，且員工越來越多，而公開招考的名額卻越來越少。在銷售額的數字更是自陳上任以來即雪崩式的大幅下降 32 億[15]。有鑑於此，陳福海不僅未能妥善經營與維護金酒利益，還鬧出東北試釀案，遭鄉親質疑洩漏核心技術，被人譏笑陳有出賣金酒之說法，嚴重影響視金酒為金母雞之全體縣民利益，因此陳福海縣長在金酒的表現上已經大失民心了。

---

[15] 2014 年李沃士任內金酒業績為 152 億元，2017 年陳福海任內金酒業績為 120 億元，相比昔日金酒銷售業績少了 32 億元。

表 5-1-3　第七屆金門縣縣長候選人簡要政見一覽表

陳福海候選人	楊鎮浯候選人
政見主軸： 幸福金門，躍升成真 施政目標：實現金門幸福願景，打造浯 　　　　　島美麗家園 五大願景：兩岸樞紐、優質樂活、文化 富裕、生態永續、觀光休憩十二大建設 1.健全基礎建設、2.厚植文化底蘊 3.發展全人教育、4.營造有感醫療 5.完善社會福利、6.落實生態保育 7.強化特色觀光、8.創新青年服務 9.升級產業發展、10. 建設智慧城市 11.掌握兩岸樞紐、12.推進通電通橋	找回價值，開創新局 1.廉能政府 2.土地安居 3.教育文化 4.永續環保 5.產經繁榮 6.醫療照護 7.金酒行銷 8.警政消防

資料來源：http://eebulletin.cec.gov.tw/檢索日期：2018 年 12 月 15 日（本研究自行
　　　　整理）

　　陳福海在 2014 年挑戰李沃士的選舉政見就是是反對 BOT，反對將政府土
地租借給企業，但卻在上任後，立刻發生出售縣府土地一案，因此，除了在金
酒議題上被對手直追猛打外，更是被冠上「售地拋祖產」之罪名，縣府以經濟
發展之名賣了近 9,000 平方公尺的市港段精華商業區。事實上，金門人受中華
文化祖產的價值觀所影響是不愛賣地的，業者表示：「金門人不缺錢啦，賣地

就像賣祖產，不但名聲不好聽，也會被鄰居誤認缺錢。」[16]，因此，陳福海被對手質疑以低價出售精華地段之陰謀與動機。

　　另外，地方政府約聘人員屬首長人事權，常被詬病有酬庸之嫌。在陳福海任期內運用縣府資源大舉聘用臨時人員[17]，由 691 人擴大招至 1,051 人，縣庫不僅要負擔財務上的超額支出，更導致行政體系不穩定及酬庸綁樁等問題。陳福海更獨創所謂的專案約用人員職缺，讓無法升為縣府正式約僱人員的約用人員，每個月因此多獲幾千元津貼加薪，且每個村里長也能配有一位約用人員擔任助理[18]。更有在民間耳聞「若想進縣府工作，姓陳的或者是跟姓陳的有相關係，機會較大。」由此可見，陳家擔任行政首長保障其陳氏族內宗親利益。如此現象在公務部門及中間選民更是掀起反彈聲浪，成為其敗選的一大因素[19]。

　　楊鎮浯則是推出以「真實」與「找回價值，開創新局」為競選主軸，真實兩字是在提醒每一位政治工作者必須時時放在心中的價值與理念，猛攻現任縣長陳福海的政治誠信，從金酒東北試釀案到販售縣有地的爭議。楊鎮浯更將「廉能政府」擺在政見第一順位，承諾成立廉政委員會，讓縣府運作公開透明化。此外在「金酒行銷篇」政見中，亦強調公平透明的人員進用、考績即升遷制度，杜絕政治力干擾，亦是對陳福海金酒弊案進行檢討。由表 5-1-3 所示，楊鎮浯所提之政見為希冀改變陳福海任內之政治生態，並且為金門找回價值，包含文化史蹟保存、生態環境守護、國土流失防治、優質財政紀律、健全人事體制、

---

[16]　鄭婷方（2015 年 07 月 16 日）。地價漲 7.64% 金門蟬聯冠軍。蘋果日報。2018 年 12 月 16 日，取自 https://tw.appledaily.com/

[17]　金門縣審計處統計 2014 年至 2017 年分別約聘雇人數 691 人、889 人、1051 人、1051 人逐年增高，2017 年薪酬高達 2 億 7245 萬 6297 元，金門縣審計室要求縣府，人力進用之評估及管控作業未盡周延，要求縣府杜絕寬濫聘用，研謀妥處檢討改善。縣府寬濫約聘雇用高達 1051 人。檢索日期：2018 年 12 月 16 日。取自 https://taiwan-reports.com/archives/333690

[18]　楊毅（2018 年 02 月 14 日）。無黨陳福海政治資源分配到「極致」　國民黨要贏回金門縣很硬。上報。2018 年 12 月 16 日。2018 年 12 月 10 日，取自 https://www.upmedia.mg/news_info.php?SerialNo=35241

[19]　楊毅（2018 年 5 月 20 日）。【金門選情】淡化陳福海「宗親票」勢力 國民黨將強攻 2 大議題。上報。2018 年 12 月 10 日，取自 https://www.upmedia.mg/news_info.php?SerialNo=40671

厚植人文教育。

反觀，陳福海之政見主軸為幸福金門，躍升成真，實現金門幸福願景，打造浯島美麗家園為施政目的，並且提出觀光休憩十二大建設。值得注意的是在完善社會福利之政見中提及，「福利不中斷，服務更全面。」金門縣的社福支出也是獨步全台，只要是年滿 55 歲到 64 歲、曾歷經戰亂的年長金門居民每月可領取 3000 元的「慰助金」，比照原住民 55 歲就可領取老人年金的福利。陳福海與選前保證連任後福利也都會持續，還有年輕人購屋、育兒的補助也會持續強化。[20]由此可見，陳福海的政見懂得善用行政資源籠絡人心，選戰「基本盤」穩固，實力不容小覷，但相對之下，陳福海在能夠理性思考之選民或與公民團體關係則較為劣勢，反彈聲浪大[21]。

最終楊鎮浯以形象清新、年輕的縣長人選，從「文宣空軍」來彌補「組織陸軍」作戰之不足，與具有 26 年選戰經驗的陳福海相之抗衡，楊鎮浯陣營以高曝光度的空戰宣傳，加上密集的小團隊發送實體文宣策略，有效的激起金門選民對現任執政者的憂慮與不信任感，進而將選票轉向年輕且具國民黨籍的楊鎮浯身上，成功的拿下這重要的一席百里侯寶座。綜觀此次的選情，陳福海敗選原因在於自己[22]，否則以其在金門長期耕耘之選舉基本盤拿下縣長勢在必得，

---

[20] 李金生（2018 年 11 月 10 日）。陳福海批對手造謠抹黑 推「烈嶼建設 2.0」計畫。**中時電子報**。2018 年 12 月 16 日，取自 https://www.chinatimes.com/

[21] 同上註 11

[22] 金門縣相關 Line 群組中，有 19 則陳福海被偷錄的聲音檔，對其選情與形象殺傷甚大

影片名稱	片長	簡要內容
少 6000 票也沒關係	00：04	我的票贏八千多票，少了六千票沒關係
用高粱酒麻痺金門人	00：33	以前的人民很善良，會站在你的角度思考，但是現在的人民就不會了，熱臉去貼人民的冷屁股他還不會領情
你讓我不爽我也會讓你不爽	00：09	你讓我不爽我也會讓你不爽，你要試試看嗎？
找一個心裡有我的就好	00：32	選舉是要選給百姓知道，事務官心裡沒有我，找一個心裡有我的就好
我怎麼可能承擔	00：15	這是底下的人要一起去承擔，怎麼可能是我去承擔

因此，具自主思辨能力之選民為本次選戰中主要影響勝負因素。

二、政黨因素

金門在早期國共內戰時期，國民黨撤退台灣，金門是中國隔海對峙的最前線，因此當時的國民政府為穩固戰情，投入大量人力、資源，讓國民黨的勢力深根茁壯。

從歷屆總統大選來看，金門縣泛藍選票結構高達 9 成以上，是綠營相當難以越雷池一步的「鐵票區」。自 2000 年總統選舉，民進黨「陳呂配」在金門僅拿下 3%得票率；2004 年大選，尋求連任的前總統陳水扁在金門得票也僅微幅上升至 6%。2008 年國民黨挾著重返執政氣勢，更讓民進黨「長昌配」得票跌破 5%以下。2012 年總統選舉，民進黨蔡英文得票雖衝破 3000 票，仍與馬英九

金門人的心態	00：07	金門人的心態見不得人好
金門人被寵壞了	00：17	金門人被寵壞了，對醫病關係的要求太高了
金門日報我說了算	00：11	金門日報我說了算，這是官報
金酒麻痺金門人	00：15	高粱酒把金門人的價值扭曲了，金門人已經被政府寵壞了
拒絕應酬的說詞	00：14	拒絕應酬的說詞靠日報，透過日報讓百姓知道我去那裡
看工程像作秀	01：04	挑好時間地點，看工程專門周六日在圓環看，要讓百姓看到福海在看工程
將公務預算變成兩套帳	00：19	透過基金模式，讓正常的公務預算變成兩套帳
把他的嘴塞了	00：33	對於政策有不同的聲音，就隨便回應，塞嘴就好
政治支票抽象就好	00：24	這次的政見都很抽象，所以只要做一二個就可以滿足抽象的政治支票
閒閒沒室	00：20	讓國家保障的事務官朝八晚五，但是不用做任何事情，就只要閒閒沒事就好
金門國	00：15	在金門已經 26 年了，慢慢的讓金門變成金門國，審計處也奈何不了我
不配合請下台	00：24	逼公務人員配合，不配合就下船
審計處會看	00：11	審計處會看，就畫他不懂的給他看，觀光隨便就劃個 5 億吧
縣長怎麼幹	00：10	把縣長當總統幹，監督都沒用

得票數 3 萬 4676 票，相差十倍之多。

而 1993 年至 2009 年的金門縣長皆為泛藍人士當選，多為國民黨、新黨或是脫離國民黨籍的無黨籍之爭，2014 年縣長選舉則是由無黨籍陳福海候選人勝出獲勝。因此政黨在金門縣長選舉中，並不扮演重要的角色，反而只是選民在投票前的參考依據（林政緯，2016）。

在本次選舉的政黨之爭，陳福海被對手以民進黨政府不提名民進黨籍陳滄江，而是禮讓陳福海縣長，因此被藍營指涉有親近民進黨之嫌。陳福海依然堅持金門沒有藍綠，本是無黨籍，在選前出席「台北市 pay.taipei 代收金門縣水費」活動，與台北市柯文哲同台，穿著競選背心強調自己跟柯是全國唯二無黨籍的縣市長，大肆為自己拉票[23]，試圖拉攏金門的白色力量中間選民票源。

然而，選舉講求天時、地利與人和，在今（2018）年蔡政府執政表現不佳，大環境天時有利於國民黨，因此被指涉親近民進黨的陳福海相對緊張。而從立委轉換跑道挑戰的楊鎮浯，到選前的最後一刻，仍強攻蔡英文在民進黨中執會親自敲定金門縣長「禮讓」不提名，並與在地力量結合，將這場選戰推向「藍綠對決」，在藍天高掛的金門，取得大戰略的優勢外，也緊咬陳福海任內「金酒赴大陸東北試釀案」洩露核心技術、出售精華段縣有地「賤賣祖產」等案件，掌握議題主導權和最後決戰方向[24]。

參、宗親會與縣長選舉結果分析

現今金門的行政區總共分為五個鄉鎮，各行政區管轄數個自然村，而自然村為傳統聚落，主要以血緣關係為主，也形成所謂的宗族，而同族、同宗的相熟之人通常有群聚一處的情形，進而發展而出單姓村的聚落。因此，每到選舉時期，便是各個村落推派出候選人，彼此大相逕庭，在村里長的選舉中可見不

---

[23] 吳堂靖（2018 年 11 月 06 日）。金門縣長挺柯 P，讚兩岸一家親。**中時電子報**。取自 https://www.chinatimes.com/

[24] 李金生（2018 年 11 月 23 日）。金門縣長兩強對決 旅台票定勝負。**中時電子報**。2018 年 12 月 16 日，取自 https://www.chinatimes.com/

同宗親對決的情況。然而，金門縣縣長的選舉中，宗親也是影響縣長選舉的重要因素之一。因此。本研究透過票櫃分析法，來探討本次縣長選舉候選人在各個投開票所的得票數，是否與該宗親勢力地區相符，藉此來分析宗親在金門縣縣長的選舉中仍否具有其影響力。

表 5-1-4　第六屆與第七屆金門縣縣長候選人地區得票數比較表

開票地	投票所數	第六屆縣長選舉		陳福海第六屆與第七屆票數差	第七屆縣長選舉		陳福海與楊鎮浯票數差
		陳福海	李沃士		陳福海	楊鎮浯	
金城鎮	17(21)	7,402	4,519	-1,486	5,916	8,137	-2,221
金城鎮得票率		50.30%	30.71%		40.81%	54.28%	
東門里	2(3)	1,156	568	-328	828	1,164	-336
南門里	3	982	585	-177	805	1,296	-491
西門里	4(6)	1,799	1,382	-289	1,510	2,139	-629
北門里	2	756	561	-448	308	851	-543
賢庵里	2	914	417	-183	731	974	-243
金水里	1	487	235	-144	343	450	-107
古城里	2	870	375	-230	640	675	-35
珠沙里	1(2)	438	396	21	459	588	-129
金寧鄉	11(17)	4,570	3,441	-366	4,204	5,989	-1,785
金寧鄉得票率-		47.79%	35.98%		38.55%	54.92%	
古寧村	2	250	858	137	387	730	-343
安美村	2(3)	911	455	-93	818	993	-175
湖埔村	2(4)	1,160	682	-190	970	1,694	-724
榜林村	2(3)	867	553	-117	750	1,078	-328

開票地	投票所數	第六屆縣長選舉		陳福海第六屆與第七屆票數差	第七屆縣長選舉		陳福海與楊鎮浯票數差
		陳福海	李沃士		陳福海	楊鎮浯	
盤山村	2(4)	1,096	726	-121	975	1,224	-249
后盤村	1	286	167	18	304	270	34
烈嶼鄉	6(8)	2,079	1,714	107	2,186	2,154	32
烈嶼鄉得票率-		47.47%	39.13%		46.97%	46.28%	
林湖村	2	728	382	-48	680	658	22
黃埔村	1	174	308	50	224	386	-162
西口村	1(2)	454	338	-79	375	427	-52
上林村	1	289	149	31	320	229	91
上岐村	1(2)	434	537	-146	288	454	-166
烏坵鄉	2	70	235	76	146	62	84
烏坵鄉得票率-		20.58%	69.11%	0	69.86%	29.67%	
大坵村	1	28	112	54	82	15	67
小坵村	1	42	123	22	64	47	17
金湖鎮	13(17)	5,791	3,065	64	5,855	4,204	1,651
金湖鎮得票率-		59.87%	31.69%		54.42%	39.07%	
新市里	2(3)	953	646	-22	931	761	170
山外里	2	824	400	-65	759	567	192
溪湖里	1	344	172	10	354	263	91
蓮庵里	1	307	219	110	417	257	160
料羅里	1	334	270	10	344	236	108
新湖里	3(5)	1,797	684	32	1,829	1,183	646
正義里	1(2)	620	228	7	627	349	278

開票地	投票所數	第六屆縣長選舉		陳福海第六屆與第七屆票數差	第七屆縣長選舉		陳福海與楊鎮浯票數差
		陳福海	李沃士		陳福海	楊鎮浯	
瓊林里	2	612	446	-18	594	588	6
金沙鎮	12(14)	4,053	2,172	359	4,412	2,974	1,438
金沙鎮得票率-		60.08%	32.20%		57.20%	38.56%	
汶沙里	3	1,116	672	1	1,117	890	227
何斗里	1(2)	572	144	37	609	226	383
浦山里	2	634	184	-4	630	355	275
西園里	1	286	209	14	300	199	101
官嶼里	1(2)	304	289	109	413	350	63
三山里	1	335	292	58	393	358	35
大洋里	1	260	117	73	333	208	125
光前里	2	546	265	71	617	388	229
總計	55(61)	23,965	15,146	-1,246	22,719	23,520	-801
得票率（%）		52.76%	33.34%		46.15%	47.78%	

註：2018 年金門縣選舉各村里投開票所數量以括號內之數字表示

資料來源：中央選舉委員會，http://db.cec.gov.tw/histMain.jsp，檢索日期：2018 年
　　　　　12 月 11 日。（本研究自行整理）

　　表 5-1-4 整理第六屆與第七屆金門縣縣長候選人地區得票數比較表，主要分析陳福海在前後兩屆在五鄉鎮的開票數，以及探討陳福海和楊鎮浯兩人在地方的選票結構。首先觀察陳福海在第六屆競選與上任後尋求連任的第七屆之選票差距，以此表示對陳福海縣長在任期三年內的施政滿意度檢核，陳福海在第七屆對比第六屆得票數之中，金城鎮與金寧鄉皆明顯下滑，尤其是在金城鎮地區，本屆楊鎮浯的得票數遠遠領先陳福海 2,221 票，與上屆縣長選舉相比，陳

福海的得票數減少了 1,486 票，且在金城鎮各里全盤皆輸。

陳氏雖為金城鎮第一大姓，但由於金城較為都市化，無農村之單姓村特點，又坐落於行政機關中心，為金門文教重鎮，人口組成複雜，外來人口也相較其他地區多。綜觀以上所述，可推論宗親的影響力並不高，且從得票率觀察陳福海由 50.3%下滑至 40.81%，可見多數的金城居民對於陳福海之施政結果並不得人心。

本研究觀察陳福海的施政與楊鎮浯政見對比下，推論因陳福海大量聘雇約用人員之亂象，引起公務人員體系事務官的不滿，而金城地區多是軍公教，以選票來結果表示選民對現狀的厭惡，再加上選前網路上廣傳陳福海被人錄音其所說政治支票等負面新聞（可見於註釋 21），重重的打擊了陳福海的形象，因而選民將票轉移至強調廉能政府的楊鎮浯候選人，希冀能夠改變現階段的政府體制。

表 5-1-5　2018 年金門縣陳、李、楊姓氏人口一覽表

姓氏	人口數						總計
	金城鎮	金寧鄉	金湖鎮	金沙鎮	烈嶼鄉	烏坵鄉	
陳氏	4,412	2,773	5,567	2,971	1,060	91	16,874
李氏	3,495	3,564	1,985	1,443	325	32	10,844
楊氏	1,837	2,551	998	1,189	220	21	6,816
總人口	43,303	30,917	29,491	20,627	12,813	686	-

資料來源：內政部戶政司，2018，全國性名統計分析，台北：內政部。（本研究自行整理）

反觀陳福海在金湖鎮與金沙鎮第七屆與前屆的得票數，可以發現不僅沒有下降仍有些許成長，並且在本屆兩個地區陳福海分別以 1,651 與 1,438 的得票數差距高於楊鎮浯，由表 5-1-4 可得知為金湖鎮與金沙鎮本為陳氏之票源大本營，再加上陳福海是由陳氏推派代表其家族競選連任縣長，在本次團結的陳氏宗親會的力道下，金湖與金沙的基本票源比上一屆要更加鞏固了，證實宗親的力量

仍發揮其作用。

　　本研究認為除了金湖鎮與金沙鎮兩個地區本是陳氏大本營之外，其人口分布又多為老年人口，而陳福海縣長在其任內的老人津貼以及福利政策施政有感，再加上 26 歲從政的陳福海，歷經金湖鎮民代表、縣議員、鎮長、縣長和立委等選舉，身經百戰，與在地居民較有連結，因此在金沙與金湖地區能夠開出較上次要漂亮的票數。然而，若對比本屆與第六屆，在金湖與金沙地區中，陳福海的得票率卻是下降約 3～5% 的情形，可見雖然宗親本身的凝聚力是增加的，但相隔四年金門逐漸發展，外來人口隨之移入，網路資訊透明化以及其他外來因素等等的加入，稀釋了宗親原先在金門選舉上的力量，導致宗親勢力對金門整體政治生態影響力是相對下降的。

　　從以上各地區票櫃開票結果得知陳福海在本屆選舉中，仍依靠宗親大力支持在金沙與金湖獲得地區上勝選，另一個值得觀察的是楊鎮浯候選人雖非陳李兩大姓，排名在第六位的楊氏候選人在此次選舉中，是否亦獲得其自身董楊宗親會之相挺，並如實得到李氏宗親會地區選民投票的支持，得以成為其戰勝陳福海之關鍵，這個部分如下探究分析之。

　　由表 5-1-4 得知，楊鎮浯在金城鎮與金寧鄉的得票數多贏陳福海 2,221 票與 1,785 票，且這兩個地區的得票率楊鎮浯更是以 55% 過半的得票率遙遙領先於陳福海。根據葉鈞培（1997）的姓氏分布研究中顯示，楊氏宗族地盤分布於古寧村的林厝、安美村的安岐、西浦頭、東堡、中堡以及西堡、湖埔村的湖下及頂埔下、榜林村的榜林，其中楊氏宗族在安美村有五個村落，另外，由表 5-1-4 觀察該地區投開票所之票數，楊鎮浯在古寧村、安美村、湖埔村以及榜林村的得票數，平均四個村落皆大贏陳福海高達 392 票。其中，值得觀察的是楊鎮浯在湖埔村贏得 1,694 票，比陳福海 970 票多出高達 724 之票數，由此明顯之差距推論楊鎮浯亦獲得楊氏宗親的票源基本盤，由金寧鄉的票櫃亦可證實宗親力量的存在。

　　李氏宗親大地盤為古寧村，姓李的人口占古寧村 56.13%，因此在歷屆的選舉中古寧一直是觀察李氏宗親是否全力支持其候選人之重要指標，然而在此次

選舉中李氏宗親會雖未推出人選角逐縣長，在深度訪談中許多政治人物表示此次選舉李楊合作的機會大，且李氏宗親會亦會較傾向把票投給楊鎮浯。由票櫃結果得知楊鎮浯在古寧村獲得730票，較陳福海多贏343票數，獲得高達62.55%得票率。由此證實，與選舉操盤手預測的結果相符，楊鎮浯不僅將董楊宗親會自家宗親之票源穩固，更成功拉攏李氏宗親支持成為了本次勝選的主要因素。

另外，由葉鈞培（1997）所提供的宗族地盤分布村落可以發現，金湖鎮的新湖里有六個陳氏宗族的村落，金沙鎮何斗里有四個陳氏宗族的村落，可說陳氏在新湖里和何斗里的勢力之大，再由表 5-1-6 可以陳福海在新湖里與何斗里的得票率分別為57.68%以及71.40%，由此可見陳氏宗親組織動員之強大。

表 5-1-6　第七屆縣長選舉候選人部分地區得票率比較表

第七屆縣長選舉 地區得票率	候選人	
	陳福海	楊鎮浯
古寧村	33.16%	**62.55%**
湖埔村	33.97%	**59.33%**
新湖里	**57.68%**	37.30%
何斗里	**71.40%**	26.49%

註：僅挑選陳氏宗親與楊氏宗親得票數較高的村里

資料來源：中央選舉委員會，http://db.cec.gov.tw/histMain.jsp，檢索日期：2018 年 12 月 11 日。（本研究自行整理）

第二節　宗親會與各層級選舉結果之分析

接續前一節縣長層級的選舉分析，此節針對宗親會與各層級選舉作詳細的分析，根據深度訪談受訪者 F5、B3 以及問卷調查顯示，由於單一席次的選舉較受宗親因素之影響，因此多席次的選舉（縣議員、鄉鎮民代表）本研究不深入探析，主要以鄉鎮長選舉與村里長選舉作為此研究主要探討之內容。

這種就有宗親的力量，縣長這種大盤的就有宗親的力量，比鄉鎮長更重，
然後鄉鎮長比較重於村里長。（F5）

我認為宗親會對縣長、鄉長、立委影響很大，議員這一層級比較不會。
單一席次動員的能量比較大。（B3）

壹、2018 年鄉鎮長選舉分析

2018 年 11 月 26 日，金門縣鄉鎮長選舉結果出爐，各地區之鄉鎮長當選人
分別為金城鎮的李誠智、金沙鎮的吳有家、金湖鎮的陳文顧、金寧鄉的楊忠俊、
烈嶼鄉的洪若珊以及烏坵鄉的蔡永富（詳見表 5-2-1）。其中吳有家、陳文顧和
楊忠俊皆為無黨籍，其餘候選人皆為中國國民黨提名（詳見表 5-2-2），可見政
黨力量在金門並非決勝主因，以上便針對各鄉鎮選舉情況作詳細之分析。

表 5-2-1　2018 年金門縣鄉鎮長選舉得票數一覽表

鄉鎮	號次	姓名	得票數	得票率	推薦之政黨	當選
金城鎮	1	吳伯揚	1,743	11.81%	無	
	2	歐陽彥木	4,449	30.14%	無	
	3	李誠智	4,561	30.90%	中國國民黨	◎
	4	許丕肯	433	2.93%	青年陽光黨	
	5	許燕輝	3,574	24.21%	無	
金沙鎮	1	張翰林	551	7.19%	無	
	2	吳有家	3,595	46.90%	無	◎
	3	王國代	746	9.73%	無	
	4	王石堆	2,774	36.19%	中國國民黨	
金湖鎮	1	林長鴻	3,740	35.17%	中國國民黨	
	2	陳文顧	6,894	64.83%	無	◎
金寧鄉	1	楊忠俊	2,763	26.06%	無	◎

鄉鎮	號次	姓名	得票數	得票率	推薦之政黨	當選
	2	翁文雅	694	6.54%	無	
	3	許慧新	1,784	16.82%	無	
	4	陳成泉	2,671	25.19%	中國國民黨	
	5	李正騰	2,692	25.39%	中國國民黨	
烈嶼鄉	1	洪燕玉	1,502	32.11%	中國國民黨	
	2	洪若珊	2,253	48.16%	中國國民黨	◎
	3	林金量	923	19.73%	中國國民黨	

資料來源：中央選舉委員會，http://vote.2018.nat.gov.tw/pc/zh_TW/index.html，檢索
日期：2018 年 12 月 01 日。（本研究自行整理）

表 5-2-2　2018 年金門縣鄉鎮長選舉當選人分析

分析類別	項目	當選名額	比率
政黨	中國國民黨	3	50.00%
	無黨籍及未經政黨推薦	3	50.00%

資料來源：中央選舉委員會，http://vote.2018.nat.gov.tw/pc/zh_TW/index.html，檢索
日期：2018 年 12 月 01 日。（本研究自行整理）

一、金城鎮鎮長選舉分析

　　藉由本研究的「2018 年金門縣候選人與宗親關係問卷調查」（詳見附錄三）
向金門各宗親會以及資深在地人士得知，歐陽彥木、李誠智以及許燕輝三位候
選人皆為宗親會所推薦，更可藉由新聞報導佐證上述三位候選人的確由宗親會
支持或提名。表 5-2-3 發現，這三位候選人得票數也是排名前三，且票數差距
不大，可見此次金城鎮鎮長選情十分激烈。

　　前副議長歐陽彥木三度挑戰金城鎮鎮長選舉，曾在 2014 年九合一選舉以高票
6633 票（45.87%）排名第 2 之姿落選。

　　曾於 2014 年輔選歐陽彥木的副縣長吳成典、前福建省政府主席顏忠誠、前

金門縣長李炷烽、退休鄉鎮長聯誼會老鎮長鄭慶利、董氏宗親會宗長董承南、歐陽宗族長老、前社會局長許乃權將軍、金門鑫報社長洪偉騰，以及各鄉鎮長、議員、地方代表候選人到場力挺[25]。

可見歐陽彥木仍積極拉攏大姓的人物支持，像是吳成典、陳福海、李炷烽等人，與另外兩位候選人相比更能凝聚陳氏、吳氏等大宗族的票源。

而其在金城城區之外仍具影響力，歐陽宗族長老依然為其站台力挺，亦有歐厝地區的同姓選民支持，更可由表 5-2-4 得知金城鎮鎮長候選人在各村里之得票數消長，歐陽彥木在外圍的地區的得票數遙遙領先另外兩位候選人。

受訪者 F6 對歐陽彥木的勢力範圍有以下論述：

> ⋯⋯其實八個里都廝殺得很厲害，只是東西南北門在城區內人口多，競選氛圍比較激烈，所以外面覺得鄉下（外圍）的選情好像比較冷，其實不一定，我們家家戶戶有在走都知道。⋯⋯歐陽彥木算老前輩嘛，以前當過副議長，之前也選過鎮長實力也很雄厚，那怎麼看他，出來從政也是要有服務的熱忱，確實他的勢力是在外圍一點。⋯⋯

從縣議員轉換跑道的李誠智，選擇在金城鎮南門天后宮口成立競選總部，由宗長李錫榮出任榮譽主任委員，主任委員為楊誠國、副主任委員李有忠，總幹事董華安。金門縣李氏宗親會也組成後援會，宗長李金贊等人出席加油打氣[26]。由此可知，李誠智為李氏宗親會所推舉之候選人。

由表 5-2-4 發現，李誠智在「西門里」大勝，便可知此次選舉有軍公教的

25　趙靖邦（2018 年 11 月 01 日）。【力拼大金城經濟】歐陽彥木鎮長競選總部成立。**金門鑫報**。2018 年 12 月 1 日，取自 http://xinbaonews.net/page1。

26　李金生（2018 年 10 月 07 日）。金城鎮長選舉激戰 李誠智天后宮誓師。中時電子報。2018 年 12 月 1 日，取自 https://www.chinatimes.com/。

支持。加上政見較受城區選民所支持[27]，更因為有議員身份在地方經營的成果，使得李誠智能夠擊敗歐陽彥木奪得金城鎮鎮長寶座。

　　而許燕輝為金門許氏宗親會總幹事，並且由金門許氏宗親會提名之金城鎮鎮長候選人[28]。由表 5-2-5 可知，許氏在金城為第三大姓，此次選舉結果也可見其受許氏宗親之支持。但因許燕輝的出身背景為建商，在金門地方耕耘不夠，加上許家此次選舉分裂，許乃權雖禮讓許燕輝出選金城鎮鎮長，但受訪者表示，實際是在背後支持著另一位候選人歐陽彥木。

---

[27] 推動全面性金城鎮村里聚落營造運動六大主軸：「青年里村」、「數位文教」、「社福照護」、「智慧金城」、「產業創生」、「社區復興」六大面向，強調「文化城鎮、永續成長、成果共享」基本信念主張。

1. 成立「社區聚落青年發展工作坊」、「青年創業聯合育成孵化基地」、重塑社區聚落場所環境改造計畫、青年里村民宿培力、文創設計輔導、居民參與式聚落空間再活化、生態保育藍綠帶整合、生態之旅推廣及教育。

2. 建立金城鎮社區規劃師培力機制及社區聚落人才網站、社區聚落小農文創小舖、推動社區聚落產業轉型升級、促進金城鎮社區聚落無毒農業及綠色消費、社區聚落在地就業機會。

3. 推動金城鎮主題式文化體驗觀光聚落、4D 地方文化城市博物館、金城車站及城區週邊旅遊地景改造暨公共藝術設置、打造體驗慢城風情歷史街區觀光軸線。

4. 推動金城鎮停車空間改善、東門市集文化市場改善計畫平台、金城鎮社區聚落老屋健檢補助計畫（爭取縣府補助）、公有土地老舊建築空間暨歷史建物保存活化再利用、社區聚落主要街道招牌更新計畫。

5. 公辦公營華德福概念實驗托育中心、銀髮互動體驗館、兒童數位教育館、共融式銀髮親子公園、DRTS（需求反應式公共運輸服務）便利好行老幼交通網。

6. 推動幸福城鎮清淨家園工作，加強自然生態保育觀念、各村里聚落社區廢棄減量、強化各村里聚落社區污染防治。

7. 推動金城鎮急診醫療衛生所新建案、社區聚落長青共餐食堂、長照 2.0 服務在厝邊之定期預防醫療、健診追蹤服務、照護服務及失智症友善社區、銀髮相關活動及課程、社區兒童照顧。

[28] 許峻魁（2018 年 8 月 27 日）。許氏宗親會協調 許乃權禮讓退選。金門日報。2018 年 12 月 1 日，取自 https://www.kmdn.gov.tw/。

表 5-2-3　2018 年金城鎮鎮長選舉候選人得票數一覽表

鄉鎮	號次	姓名	得票數	得票率	推薦之政黨	當選
金城鎮	1	吳伯揚	1,743	11.81%	無	
	2	歐陽彥木	4,449	30.14%	無	
	3	李誠智	4,561	30.90%	中國國民黨	◎
	4	許丕肯	433	2.93%	青年陽光黨	
	5	許燕輝	3,574	24.21%	無	

資料來源：中央選舉委員會，http://vote.2018.nat.gov.tw/pc/zh_TW/index.html，檢索日期：2018 年 12 月 01 日。（本研究自行整理）

表 5-2-4　2018 年金城鎮鎮長選舉村里得票數一覽表

	總計	東門	南門	西門	北門	賢庵	金水	古城	珠沙
歐陽彥木	4,449	556	489	1,048	438	538	351	580	449
李誠智	4,561	582	777	1,300	410	584	242	377	289
許燕輝	3,574	666	620	931	366	371	152	262	206
里長姓氏	-	蔡	楊	楊	許	盧	黃	董	歐

資料來源：中央選舉委員會，http://vote.2018.nat.gov.tw/pc/zh_TW/index.html，檢索日期：2018 年 12 月 1 日。（本研究自行整理）

表 5-2-5　金門縣金城鎮前十大姓人口分布表

姓氏	陳	李	許	黃	林	王	楊	張	吳	蔡
人數	4,412	3,495	3,148	2,495	2,349	2,125	1,837	1,603	1,598	1,565
比例 %	10.19	8.07	7.27	5.76	5.42	4.91	4.24	3.70	3.69	3.61

資料來源：內政部戶政司，2018，全國姓名統計分析，台北：內政部。（本研究自

行整理）

二、金沙鎮鎮長選舉分析

藉由本研究的「2018 年金門縣候選人與宗親關係問卷調查」（詳見附錄三）向金門各宗親會以及資深在地人士得知，吳有家與王石堆兩位候選人皆為宗親會所推薦，且兩位同為金沙鎮鎮民代表的背景出選。

此次吳有家能擊敗中國國民黨提名之候選人王石堆的主要因素為宗親的力量，雖表 5-2-8 顯示，吳氏在金沙鎮只排在第七大姓，但其受大姓的代表人物陳福海所支持，由表 5-2-6 金沙鎮鎮長選舉村里得票數可得知，吳有家在其宗親大本營吳氏大洋里大獲全勝，而在何斗里、浦山里、光前里皆受到陳氏宗親的力量支持。何斗里本就以陳氏佔大多數，光前里雖為翁氏但其與陳氏有姻親關係。再加上，此次選舉王氏宗親分裂，兩位王姓候選人同時競爭，致使王氏票源分散。見表 5-2-6 可知，王國代、王石堆兩者得票數之總和，與吳有家總得票數是相去不遠的。

而政黨因素影響不大可見受訪者 B1：

> 政黨現在國民黨在金門已經拉不起來了，國民黨在金門只有老一輩才會有用，年輕人沒再理政黨了，而且老人也都差不多了。國民黨在金門幾十年了，金門人為你們做牛做馬，有得到什麼回報嗎？沒有，而且在戒嚴、戰地政務的時候，遭受的迫害，這些都是怨氣，佔用民資、土地，這些帳都是記在國民黨頭上，所以國民黨已經差不多了。

王氏宗親會因素可見受訪者 F5：

> ……但在政治的動員上是比較沒有，因為如果以目前我們宗親會想要參選有兩個候選人，都是王家的，就比較沒有約制力，我們本身比較沒有宗親會的宗親初選機制，目前沒有，但以後會不會有不曉得。……。如果另外一個候選人也想要表態的話，我相信我們宗親會去做一個整合和

人選的篩選，過去十幾年以來，王氏宗親會都沒有做過這種協調，這次是第一次兩個姓王的出來選。……

表 5-2-9 由民調問卷顯示，設籍於金沙鎮的選民認為「宗親會對鄉鎮長選舉的具有影響力之比例高達 72.3%為各鄉鎮之冠，藉由上述因素可得知，此次金沙鎮鎮長選舉宗親的力量大於政黨的號召力。

表 5-2-6　2018 年金沙鎮鎮長選舉候選人得票數一覽表

鄉鎮	號次	姓名	得票數	得票率	推薦之政黨	當選
金沙鎮	1	張翰林	551	7.19%	無	
	2	吳有家	3,595	46.90%	無	◎
	3	王國代	746	9.73%	無	
	4	王石堆	2,774	36.19%	中國國民黨	

資料來源：中央選舉委員會，http://vote.2018.nat.gov.tw/pc/zh_TW/index.html，檢索日期：2018 年 12 月 1 日。（本研究自行整理）

表 5-2-7　2018 年金沙鎮鎮長選舉村里得票數一覽表

	總計	汶沙	何斗	浦山	西園	官嶼	三山	大洋	光前
吳有家	3,595	808	453	406	224	338	312	416	638
王石堆	2,774	1,062	282	333	190	224	327	113	243
里長姓氏	-	張	陳	周	黃	楊	陳	吳	翁

資料來源：中央選舉委員會，http://vote.2018.nat.gov.tw/pc/zh_TW/index.html，檢索日期：2018 年 12 月 1 日。（本研究自行整理）

表 5-2-8　金門縣金沙鎮前十大姓人口分布表

姓氏	陳	黃	張	王	李	楊	吳	林	何	蔡
人數	2,971	2,789	2,049	1,481	1,443	1,189	1,002	785	773	695
比例 %	14.40	13.52	9.93	7.18	7.00	5.76	4.86	3.81	3.75	3.37

資料來源：內政部戶政司，2018，全國姓名統計分析，台北：內政部，本研究自行
　　　　　整理。

表 5-2-9　設籍地區*宗親會對鄉鎮長選舉影響力交叉表

			請問您認為宗親會對於「鄉鎮長」選舉有沒有影響力？				
			完全沒有影響力	不太有影響力	有些影響力	非常有影響力	不知道或不一定
設籍地區	金城鎮	個數	8	25	102	51	35
		在 設籍地區 之內的	3.6%	11.3%	46.2%	23.1%	15.8%
		整體的 %	1.3%	4.0%	16.2%	8.1%	5.6%
	金湖鎮	個數	4	21	56	39	14
		在 設籍地區 之內的	3.0%	15.7%	41.8%	29.1%	10.4%
		整體的 %	0.6%	3.3%	8.9%	6.2%	2.2%
	金沙鎮	個數	7	9	51	30	10
		在 設籍地區 之內的	6.5%	8.4%	47.7%	28.0%	9.3%
		整體的 %	1.1%	1.4%	8.1%	4.8%	1.6%
	金寧鄉	個數	8	8	57	30	17
		在 設籍地區 之內的	6.7%	6.7%	47.5%	25.0%	14.2%
		整體的 %	1.3%	1.3%	9.1%	4.8%	2.7%
	烈嶼鄉	個數	2	0	23	14	8
		在 設籍地區 之內的	4.3%	0.0%	48.9%	29.8%	17.0%
		整體的 %	0.3%	0.0%	3.7%	2.2%	1.3%

	個數	29	63	289	164	84
總和	在 設籍地區 之內的	4.6%	10.0%	45.9%	26.1%	13.4%
	整體的 %	4.6%	10.0%	45.9%	26.1%	13.4%

資料來源：本研究自行整理。

三、金湖鎮鎮長選舉分析

　　金湖鎮方面則是兩位候選人的對決，由新湖里里長轉戰鎮長選舉的陳文顧，對上獲中國國民黨提名的林長鴻，擔任過兩任金湖鎮鎮民代表，更是第二次挑戰金湖鎮鎮長。而此次選舉，陳文顧以 6,894 票且高達 64.83%得票率擊敗林長鴻。

　　陳文顧獲金門縣長陳福海多次公開力挺，且在其競選總部舉行成立大會到場支持，包括縣長夫人許梨羨、金湖鎮鎮長蔡西湖、陳氏宗親會理事長陳聰泉等人[29]。加上，金湖鎮第一大姓氏便是陳氏，佔了全鎮 18.88%的人口，十分驚人（詳見表 5-2-12）。

　　而受訪者 F3 也表示：

> 以鎮長來說，在金湖成功、正義、夏興、新頭、林兜這些都是姓陳的，當有陳姓候選人出現的時候，他們就會打出宗親訴求，不能讓非陳家子弟當選。自然就會綁在一起。像今年金湖鎮長選舉，陳文顧對抗林長鴻就是最佳例證。

　　可見陳文顧受到陳氏宗親會的鼎力支持，加上現任金湖鎮鎮長蔡西湖也表態，受訪者 B2 證實：

> 陳、李、蔡、黃、王、董陽較為活絡，政治參與也較多，像是此次縣長

---

[29] 陳冠霖（2018 年 10 月 22 日）。陳文顧參選金湖鎮長 競總成立。金門縣政府。2018 年 12 月 1 日，取自 https://www.kinmen.gov.tw/Default.aspx。

選舉董陽推舉楊鎮浯參選，李董陽聯盟，蔡許王與陳姓結盟，考慮各姓氏參選人，互相幫忙互相牽動，分配自源，但不是緊密的結合，並不強勢。

再由，表 5-2-11 可見新湖里為陳氏大本營，陳文顧有高達 2,202 票的支持，的確有效地聯合蔡氏，在瓊林里拿到了 738 票。

表 5-2-10　2018 年金湖鎮鎮長選舉候選人得票數一覽表

鄉鎮	號次	姓名	得票數	得票率	推薦之政黨	當選
金湖鎮	1	林長鴻	3,740	35.17%	中國國民黨	
	2	陳文顧	6,894	64.83%	無	◎

資料來源：中央選舉委員會，http://vote.2018.nat.gov.tw/pc/zh_TW/index.html，檢索日期：2018 年 12 月 1 日，本研究自行整理。

表 5-2-11　018 年金湖鎮鎮長選舉村里得票數一覽表

	總計	新市	山外	溪湖	蓮庵	料羅	新湖	正義	瓊林
林長鴻	3,740	745	527	214	218	249	963	316	508
陳文顧	6,894	1,014	854	436	479	485	2,202	686	738
里長姓氏	-	吳	陳	呂	呂	謝	陳	陳	蔡

資料來源：中央選舉委員會，http://vote.2018.nat.gov.tw/pc/zh_TW/index.html，檢索日期：2018 年 12 月 1 日，本研究自行整理。

表 5-2-12　金門縣金湖鎮前十大姓人口分布表

姓氏	陳	蔡	李	呂	黃	林	王	吳	張	楊
人數	5,567	2,475	1,985	1,628	1,597	1,340	1,312	1,102	1,075	998
比例%	18.88	8.39	6.73	5.52	5.42	4.54	4.45	3.74	3.65	3.38

資料來源：內政部戶政司，2018，全國姓名統計分析，台北：內政部，本研究自行整理。

四、金寧鄉鄉長選舉分析

金寧鄉鄉長有五位候選人競選，但主要由楊忠俊、陳成泉與李正騰三位候選人角逐。

此次金寧鄉鄉長受宗親因素影響，可見受訪者 F3：

> 金寧鄉長候選人有象徵古寧頭的李正騰、象徵湖下的楊忠俊、象徵四埔的陳成泉，他們背後如果沒有宗親，他們也不敢選，因為那是基本票倉，有基本盤心裡才有底。

受訪者 F4 也表示：

> ……鄉鎮長也會，像是金寧典型的宗親對決，金城是文教區比較特別，其他鄉鎮都是哪個姓的宗親對決哪個姓的宗親，從高到低為，縣長、鄉鎮長、民意代表、村里長、縣議員……

更由表 5-2-15 可印證金寧鄉前三大姓氏即為李氏、陳氏與楊氏，可謂是三

大姓氏的爭奪戰，而三大姓氏皆有宗親力量的基本票源。

　　李正騰掌握古寧村的基本盤，有鄉代會主席經歷，國民黨提名之候選人，其成立大會在李氏雄房宗祠旁廣場舉行，立委楊鎮浯、金寧鄉長陳成勇、國民黨金門縣黨部主委林芳旋、金寧鄉民代表、李氏宗親會理事長李金贊、李氏宗親以及競選服務處幹部和支持的金寧鄉民在場為李正騰加油打氣。由表 5-2-13 可知，李正騰的確在此次選舉穩固古寧頭的基本盤，以 822 票領先之姿超越其他候選人。

　　而陳成泉出身村長，為現任鄉代會主席，也是國民黨提名之候選人，不過陳成泉為縣長陳福海與現任鄉長陳成勇力挺，因此可以鞏固陳氏宗親之票源。

　　楊忠俊則以湖下、安美區為宗親基本盤，由受訪者 F1 可得：

> 楊家在宗親大會的時候表態，宗親支持。金門有三個地方官澳、中東保、湖下姓楊，三大長老會碰一碰說要支持，凝聚共識，出人撐場子，非組織性的。

　　加上，表 5-2-14 可見，楊忠俊在安美村與湖浦村合計以 1,759 票遠遠超越兩位候選人，更由「表 5-2-17」、「表 5-2-18」、「表 5-2-19」可見，楊氏參加宗親會的比例為 54.1%，高於陳氏、李氏、黃氏、許氏前四大姓。楊氏支持宗親會所推舉之候選人佔了 29.7%，其比例僅低於前四大姓的陳氏。楊氏宗親會對於「鄉鎮長」選舉之影響力，非常有影響力與有些影響力之總和為 83.3% 皆高於前四大姓氏所認知之比例。

　　因此，由表 5-2-16 以及上述交叉分析表可知，楊氏人口雖在金門縣排名前六，但在地方的凝聚力十分強。

表 5-2-13　2018 年金寧鄉鄉長選舉候選人得票數一覽表

鄉鎮	號次	姓名	得票數	得票率	推薦之政黨	當選
金寧鄉	1	楊忠俊	2,763	26.06%	無	◎
	2	翁文雅	694	6.54%	無	

	3	許慧新	1,784	16.82%	無	
	4	陳成泉	2,671	25.19%	中國國民黨	
	5	李正騰	2,692	25.39%	中國國民黨	

資料來源：中央選舉委員會，http://vote.2018.nat.gov.tw/pc/zh_TW/index.html，檢索
日期：2018 年 12 月 1 日。（本研究自行整理）

表 5-2-14　2018 年金寧鄉鄉長選舉村里得票數一覽表

	總計	古寧	安美	湖浦	榜林	盤山	后盤
楊忠俊	2,763	96	624	1,135	363	428	117
陳成泉	2,671	157	521	874	402	587	130
李正騰	2,692	822	448	363	411	518	130
里長姓氏	-	李	蔡	楊	楊	翁	許

資料來源：中央選舉委員會，http://vote.2018.nat.gov.tw/pc/zh_TW/index.html，檢索
日期：2018 年 12 月 1 日。（本研究自行整理）

表 5-2-15　金門縣金寧鄉前十大姓人口分布表

姓氏	李	陳	楊	許	翁	林	蔡	王	吳	黃
人數	3,564	2,773	2,551	2,241	1,796	1,632	1,482	1,373	1,227	1,157
比例%	11.53	8.97	8.25	7.25	5.81	5.28	4.79	4.44	3.97	3.74

資料來源：內政部戶政司，2018，全國姓名統計分析，台北：內政部，本研究自行整理。

表 5-2-16　金門縣前十大姓人口分布表

姓氏	陳	李	林	黃	蔡	楊	許	王	張	吳
人數	16,874	10,844	8,738	8,367	6,907	6,816	6,685	6,531	5,980	5,600
比例%	12.24	7.87	6.34	6.07	5.01	4.94	4.85	4.74	4.34	4.06

資料來源：內政部戶政司，2018，全國姓名統計分析，台北：內政部，本研究自行整理。

表 5-2-17　前五大姓氏*是否有參與宗親會活動交叉表

			請問您是否有參與宗親會之活動？		總和
			是	否	
姓氏	陳	個數	38	37	75
		在 姓氏 之內的	50.7%	49.3%	100.0%
		整體的 %	6.1%	5.9%	12.0%
	李	個數	25	32	57
		在 姓氏 之內的	43.9%	56.1%	100.0%
		整體的 %	4.0%	5.1%	9.1%
	黃	個數	21	27	48
		在 姓氏 之內的	43.8%	56.2%	100.0%
		整體的 %	3.4%	4.3%	7.7%
	許	個數	14	24	38
		在 姓氏 之內的	36.8%	63.2%	100.0%
		整體的 %	2.2%	3.9%	6.1%
	楊	個數	20	17	37
		在 姓氏 之內的	**54.1%**	45.9%	100.0%
		整體的 %	3.2%	2.7%	5.9%

資料來源：本研究自行整理。

表 5-2-18　前五大姓氏*是否支持宗親會所推舉的候選人交叉表

			請問您是否支持宗親會所推舉的候選人？			總和
			是	否	不一定	
姓氏	陳	個數	29	15	29	75
		在 姓氏 之內的	38.7%	20.0%	38.7%	100.0%
		整體的 %	4.7%	2.4%	4.7%	12.0%
	李	個數	11	8	37	57
		在 姓氏 之內的	19.3%	14.0%	64.9%	100.0%
		整體的 %	1.8%	1.3%	5.9%	9.1%
	黃	個數	11	14	23	48
		在 姓氏 之內的	22.9%	29.2%	47.9%	100.0%
		整體的 %	1.8%	2.2%	3.7%	7.7%
	許	個數	8	4	26	38
		在 姓氏 之內的	21.1%	10.5%	68.4%	100.0%
		整體的 %	1.3%	0.6%	4.2%	6.1%
	楊	個數	11	5	21	37
		在 姓氏 之內的	29.7%	13.5%	56.8%	100.0%
		整體的 %	1.8%	0.8%	3.4%	5.9%

資料來源：本研究自行整理。

表 5-2-19　前五大姓氏*宗親會對於鄉鎮長選舉影響力交叉表

| | | | 請問您認為宗親會對於「鄉鎮長」選舉有沒有影響力？ | | | | | |
			完全沒有影響力	不太有影響力	有些影響力	非常有影響力	不知道或不一定	總和
姓氏	陳	個數	4	12	34	14	11	75
		在姓氏之內的	5.3%	16.0%	45.3%	18.7%	14.7%	100.0%
		整體的 %	0.6%	1.9%	5.5%	2.2%	1.8%	12.0%
	李	個數	2	6	27	17	5	57
		在姓氏之內的	3.5%	10.5%	47.4%	29.8%	8.8%	100.0%
		整體的 %	0.3%	1.0%	4.3%	2.7%	0.8%	9.1%
	黃	個數	2	6	23	14	3	48
		在姓氏之內的	4.2%	12.5%	47.9%	29.2%	6.2%	100.0%
		整體的 %	0.3%	1.0%	3.7%	2.2%	0.5%	7.7%
	許	個數	2	5	23	5	3	38
		在姓氏之內的	5.3%	13.2%	60.5%	13.2%	7.9%	100.0%
		整體的 %	0.3%	0.8%	3.7%	0.8%	0.5%	6.1%
	楊	個數	0	3	22	9	3	37

		0.0%	8.1%	59.5%	24.3%	8.1%	100.0%
	在 姓 氏 之 內的	0.0%	8.1%	59.5%	24.3%	8.1%	100.0%
	整體的 %	0.0%	0.5%	3.5%	1.4%	0.5%	5.9%

資料來源：本研究自行整理。

五、烈嶼鄉鄉長選舉分析

烈嶼鄉鄉長候選人皆為中國國民黨所推薦，因此政黨的影響力不大，加上受訪者 F7 表示：

> 現在政黨的力量不太夠，因為大家對政黨都有點心灰意冷。

由表 5-2-22 可知，烈嶼鄉兩大姓氏即為林氏與洪氏，此次選舉候選人皆為兩大姓氏，可見烈嶼鄉鄉長也是決戰宗親，更由受訪者 F3 印證：

> ……例如說小金門，就是兩個大姓洪氏與林氏，洪氏略大於林氏，若洪氏鬧分裂，林氏就有機會，所以林氏整天都在等洪氏鬧分裂。今年烈嶼鄉洪若珊和洪燕玉，就算是洪氏分裂，因此林金量就出馬角逐了。……

不過，洪若珊較受中國國民黨力挺，更有現任副縣長吳成典、烈嶼鄉長洪成發、議長洪麗萍力挺。加上，本身是烈嶼鄉鎮民代表會主席，家族和個人長期經營地方，政績為鄉民所接受，又有洪氏宗親力挺，支持度明顯領先兩位候選人。而由各票櫃分析表 5-2-21 可見，洪若珊在各村里皆得到壓倒性的勝利，並以 48.16%高得票率獲選（詳見表 5-2-20）。

洪燕玉在決戰期勤跑旅台鄉親票，台灣金門同鄉會總會總會長李台山更為其競選後援會會長，但因其對在地深耕較為不足，才以第二名之姿落選。

老鄉長林金量以擔任過 8 年鄉長資歷以及洪氏分裂為考量出選，本研究認為落敗原因為林氏宗親未團結與金門人對曾任該要職但卸任後又回鍋參選之

人，通常沒有政治好感。

表 5-2-20　2018 年烈嶼鄉鄉長選舉候選人得票數一覽表

鄉鎮	號次	姓名	得票數	得票率	推薦之政黨	當選
烈嶼鄉	1	洪燕玉	1,502	32.11%	中國國民黨	
	2	洪若珊	2,253	48.16%	中國國民黨	◎
	3	林金量	923	19.73%	中國國民黨	

資料來源：中央選舉委員會，http://vote.2018.nat.gov.tw/pc/zh_TW/index.html，檢索
日期：2018 年 12 月 01 日。（本研究自行整理）

表 5-2-21　2018 年烈嶼鄉鄉長選舉村里得票數一覽表

	總計	林湖	黃埔	西口	上林	上岐
洪燕玉	1,502	439	205	294	193	371
洪若珊	2,253	609	296	447	242	659
里長姓氏	-	林	方	蔡	林	洪

資料來源：中央選舉委員會，http://vote.2018.nat.gov.tw/pc/zh_TW/index.html，檢索
日期：2018 年 12 月 01 日。（本研究自行整理）

表 5-2-22　金門縣烈嶼鄉前十大姓人口分布表

姓氏	林	洪	陳	方	蔡	吳	李	羅	張	黃
人數	2,581	2,457	1,060	641	640	623	325	321	317	261
比例%	20.14	19.18	8.27	5.00	4.99	4.86	2.54	2.51	2.47	2.04

資料來源：內政部戶政司，2018，全國姓名統計分析，台北：內政部，本研究自行整理。

貳、2018 年村里長選舉分析

　　在村里長選舉中可發現當選人有 31 位為無黨籍及未經政黨推薦，佔了總當
選名額之比率 83.78%，故深入探討候選人當選因素與宗親會之關係。以下分為

兩部分,分別探究金城鎮里長選舉以及其他鄉鎮村里長選舉。

表 5-2-23　2018 年金門縣村里長選舉當選人分析表

分析類別	項目	當選名額	比率
政黨	中國國民黨	6	16.22%
	無黨籍及未經政黨推薦	31	83.78%

資料來源:中央選舉委員會,http://vote.2018.nat.gov.tw/pc/zh_TW/index.html,檢索
　　　　日期:2018 年 12 月 01 日。(本研究自行整理)

一、金城鎮里長選舉

　　由「2018 年金門縣候選人與宗親關係問卷調查」(詳見附錄三)可見,僅有北門里、古城里、珠沙里以及賢庵里之候選人受宗親所舉薦或支持。但北門里與古城里皆僅有一名候選人,故不納入分析。

1、珠沙里里長選舉

　　珠沙里位於金門島的西南方,隸屬於金城鎮,交通便利,距城區僅車程五分鐘,北沿環島南路可至后湖、昔果山、機場一帶,西往官裡,包括珠山、東沙、歐厝、小西門、泗湖及和平新村,共有 6 個自然村,於歐厝設置里辦公處,全里約 1,400 餘位居民[30]。

　　藉由本研究的「2018 年金門縣候選人與宗親關係問卷調查」(詳見附錄三)可知薛金萬、許清福皆為宗親會所支持之候選人,而兩位的得票數排名皆在前三(詳見表 5-2-24),又從表 5-2-25 發現此次參與選舉之候選人姓氏的確分佈在珠沙里的自然村落之中,更可以發現薛氏與歐陽氏在此地區擁有祠堂(詳見表 5-2-26),可知宗親力量不容小覷。但此次選舉戴德強勝出主因並非宗親因素,而是贏在具有補償作用的同情票,可由歷年金城鎮珠沙里里長選舉候選人得票數一覽表發現,戴德強已是三度角逐里長寶座,更見深度訪談受訪者 F4

---

[30] 金門縣金城鎮公所(2017 年 8 月 01 日)。珠沙里介紹。金門縣政府。2018 年 12 月 1 日,取自 https://jincheng.kinmen.gov.tw/Default.aspx

便可知選民的補償心、同情心在金門是具有影響力：

　　……雖然兩次選輸，但金門有典型的斯德哥爾摩症，有那種補償心、同
　　情心，他選輸那麼多次不然這次投他一票，因此具有補償作用的同情票
　　是存在的。（F4）

表 5-2-24　歷年金城鎮珠沙里里長選舉候選人得票數一覽表

年份	號次	姓名	得票數	得票率	推薦之政黨	當選	是否現任
2018	1	薛金萬	254	23.26%	中國國民黨		否
	2	歐陽彥興	97	8.88%	無		否
	3	許清福	209	19.14%	中國國民黨		否
	4	歐陽金中	127	11.63%	無		否
	5	戴德強	367	33.61%	無	◎	否
	6	薛祖堯	38	3.48%	無		否
2014	1	戴德強	439	43.85%	無		是
	2	歐贊隊	562	56.14%	中國國民黨	◎	否
2010	1	歐贊隊	360	59.21%	中國國民黨	◎	是
	2	戴德強	248	40.79%	無		否

資料來源：中央選舉委員會，http://vote.2018.nat.gov.tw/pc/zh_TW/index.html，檢索
日期：2018 年 12 月 01 日。（本研究自行整理）

表 5-2-25　金城鎮珠沙里地區薛氏、歐陽氏與戴氏的分布表

姓氏	地區
薛	珠山、泗湖
歐陽	歐厝、泗湖
戴	小西門

資料來源：中華民國國家公園學會（2009 年 12 月），金門傳統聚落形成發展族譜
　　　　　資料彙編。檢索日期：2018 年 12 月 15 日，取自 http://www.kmnp.gov.tw/
　　　　　jp/filesys/file/research/155/155_081729eefe920d4485e5c7ddecc1332b.pdf
　　　　　（本研究自行整理）

表 5-2-26　金城鎮薛氏與歐陽氏的祠堂分布表

姓氏	繼承系統	地區
薛氏宗祠	大宗	珠山
薛氏家廟	小宗	珠山
歐氏宗祠	大宗	歐厝

資料來源：中華民國國家公園學會（2009 年 12 月），金門傳統聚落形成發展族譜
　　　　　資料彙編。檢索日期：2018 年 12 月 15 日，取自 http://www.kmnp.gov.
　　　　　tw/jp/filesys/file/research/155/155_081729eefe920d4485e5c7ddecc1332b.p
　　　　　df（本研究自行整理）

2、賢庵里里長選舉

　　賢庵里隸屬於金城鎮，全里有 23 鄰 900 多戶，共計 2,200 餘人，轄內計有
夏墅、山前、官裡、古區、吳厝、庵前、賢厝、東社、官路邊以及向陽吉第等
10 個自然村落，其中以賢聚為較大之自然村，人口也較多[31]。

---

[31]　金門縣金城鎮公所（2017 年 8 月 1 日）。賢庵里介紹。金門縣政府。2018 年 12 月 1 日，取自
　　　https://jincheng.kinmen.gov.tw/Default.aspx

　　藉由「2018 年金門縣候選人與宗親關係問卷調查」（詳見附錄三）可得賢庵里里長選舉三位候選人皆為宗親會所推派，也可經表 5-2-28 證實，陳氏、盧氏、顏氏在賢庵里的自然村中遍佈，且擁有宗族的祠堂。表 5-2-27 更可以看出，盧志嶢的票數緊追顏士強，以 25 票之差落選，此次當了 8 年里長的盧志嶢落選因素可能為平時選民服務不夠，而錯失連任優勢。

表 5-2-27　2018 年金城鎮賢庵里里長選舉候選人得票數一覽表

村里	號次	姓名	得票數	得票率	推薦之政黨	當選	是否現任
賢庵里	1	陳永棋	239	13.37%	無		否
	2	盧志嶢	762	42.62%	中國國民黨		是
	3	顏士強	787	44.02%	無	◎	否

資料來源：中央選舉委員會，http://vote.2018.nat.gov.tw/pc/zh_TW/index.html，檢索日期：2018 年 12 月 01 日。（本研究自行整理）

表 5-2-28　金城鎮賢庵里地區陳氏、盧氏與顏氏的分布表

姓氏	地區
陳	庵前、官路邊
盧	賢厝、後浦
顏	賢聚、後浦

資料來源：中華民國國家公園學會（2009 年 12 月），金門傳統聚落形成發展族譜資料彙編。檢索日期：2018 年 12 月 15 日，取自 http://www.kmnp.gov.tw/jp/filesys/file/research/155/155_081729eefe920d4485e5c7ddecc1332b.pdf（本研究自行整理）

二、其他鄉鎮村里長選舉總體分析

　　綜觀各村里的候選人與宗親的關係以及深度訪談的內容可以發現，村里長選舉仍受宗親把持甚深，在該村較大的姓氏通常會盤踞著村里長的位置，例如

金寧鄉古寧村有三位李姓候選人，湖埔村有兩位楊姓候選人，盤山村有三位翁姓候選人；金沙鎮大洋里有三位吳姓候選人，何斗里有五位陳姓候選人；金湖鎮新湖里五位陳姓候選人，其中除了新湖里的陳錦章為陳氏宗親所支持，其餘候選人皆沒有受到宗親推薦，原因可能為宗親會不想得罪任何一位成員，且避免選舉造成宗親之間的紛爭與撕裂，但不代表宗親會對村里長的影響力不大。如同受訪者 E5 所說：

> ……我比較不贊同推選機制，因為宗親會每個人想法都不一樣，剛也說一次選舉就分裂一次，每個人支持的都不一樣。如果宗親會這個頭頭，有私心的話就會把宗親會給毀掉了，不是原先已聯絡感情為主而走向利益化。

由大姓把持的村里長選舉，據受訪者 F3 訪談內容：

> ……最基層的村里長也是，例如料羅來說，我們那位村長從高中畢業當到現在，他今年又登記，我想準備當選了！因為料羅有三個姓，吳氏、呂氏和謝氏，其他姓氏一看姓謝的又登記參選村長，就鼻子摸一摸知道今年又沒機會了！**因為謝氏人比較多**，今天他如果做得不好，做不好是我謝家沒管好，可以再磨練也可以在祠堂開罵，但當謝家沒有將村長權力，下放給其他姓氏的時候，再不好也是我家的小孩，這就是宗親政治的頑固性。……

接著，表 5-2-29 可見金湖鎮料羅里的候選人僅有謝姓候選人出選，而金湖鎮的瓊林里和金沙鎮官嶼里也是如此，由當地大姓推派一位候選人競選，因此是否受到宗親推薦或提名就不是很重要，本身同宗族的就會無條件地去支持同姓候選人。

另外，宗親對決的例子仍存於此次選舉，金寧鄉后盤村明顯為許氏與王氏

的競爭，金沙鎮三山里更是陳李較勁，還有金沙鎮浦山里的何周爭霸。據受訪者 F4 便可知若同村中有可以互相制衡的姓氏，通常有志競選的子弟會出來搶一席村里長的位置。

> ……一定會，村里長通常是村里對決，但因金門是單性村，所以也是宗親對決，金門傳統聚落是單性村，村落之間的對決，也會變成所謂的**宗親對決**。以前湖埔村就是姓楊的和姓陳的對決，姓陳的住四埔，姓楊的住湖下，四埔推一個湖下推一個，就等於說是宗親對決。……以前榜林和后湖是同一個村落，榜林姓王，基本上會推一個，后湖姓許會推一個，就又變成是兩村對決。……（F4）

表 5-2-29　2018 年金門縣金湖鎮村里長選舉與宗親關係一覽表

2018 年金門縣金湖鎮村里長選舉				
選舉區	候選人名單	是	否	不清楚
金湖鎮新市里	吳志成			
金湖鎮山外里	陳晚開	v		
金湖鎮山外里	關志武			
金湖鎮正義里	陳偃武	v		
金湖鎮料羅里	謝慶閣	v		
金湖鎮瓊林里	蔡聰謀			
金湖鎮瓊林里	蔡顯明			
金湖鎮新湖里	陳贊書			
金湖鎮新湖里	陳錦章	v		
金湖鎮新湖里	陳宗住			
金湖鎮新湖里	陳秀嵐			
金湖鎮新湖里	陳宗連			

2018年金門縣金湖鎮村里長選舉			
金湖鎮新湖里	楊玉樹		
金湖鎮溪湖里	呂光河		
金湖鎮溪湖里	黃建忠		
金湖鎮蓮庵里	呂永林		
金湖鎮蓮庵里	呂世榮		
金湖鎮蓮庵里	鄭榮璋		

資料來源：本研究自行整理。

第三節　宗親會對金門地方選舉之影響

　　在先前的研究內容當中，本研究已針對金門特殊的歷史進程、政治背景與宗親政治如何影響選舉，有較系統性的論述。在金門近三十年的地方政治權力，皆由陳氏、李氏兩大姓把持，直到今年楊鎮浯當選縣長後才打破此陳李兩家競合的局面，這種有別於臺灣地方派系，而是以宗親血緣為號召的政治形態，我們稱為宗親政治（clan politics）。

　　而本節主要分析的是宗親會在1993年開始地方選舉以來，在金門政要人士和選民心中的影響力為何？在金門政要人士的觀點上，本研究採用深度訪談法，來瞭解宗親會與政黨之間的合作是透過何種形式；在選民的觀點上，本研究採用出口問卷調查法，觀察願意支持宗親候選人的選民，大多從哪個年齡層開始。各姓氏對宗親會的參與程度、各鄉鎮宗親會在選舉中的影響力、各姓氏對宗親會凝聚力影響選舉的比例。上述為本節所討論的要點。以下為分析論述：

壹、宗親會與地方派系之差異

　　從表5-3-1中即可比較出地方派系與宗親會之差異且相當顯著，由於多數人在闡述金門政治生態時，往往會使用到派系的觀念，事實上並非如此。因為地方派系本身所存在的目的，就是為了透過選舉取得權力，在成員的組成上並

不是這麼要求血緣的聯結程度，因為利益交換才是地方派系的主軸。因此地方派系的核心，往往脫離不了利益、政黨及三大因素，相對而言宗親會的組成較為單純，宗親會的一員，必與之有血緣親屬的關係。而宗親會本身存在的目的，其實是聯繫族人情感與辦理宗族相關活動（奠安、祭祖等），並不是為了選舉活動而存在，也正因如此宗親會與政黨或政治的關聯性較低。但因為金門區域範圍小、人口數少，在現今數以相對多數決的選舉制度，往往幾百票就能顛覆選舉結果。而在金門能夠掌握確切人數的組織，非宗親會莫屬，因此宗親會遂成為金門政治生態一股重要的力量，也是金門政治最特別的地方。

表 5-3-1　地方派系與宗親會之比較表

	地方派系	宗親會	有無差異性
是否為正式性團體	非正式	正式	有
續存時間	長期續存	長期續存	無
成員性質	複雜的利益結合	單純的血緣親屬	有
利益交換	長期的利益交換	間歇性利益交換	有
凝聚力的基礎	基於利益產生的認同感	基於血緣產生的認同感	有
與政黨的關係	極為相關	不太相關	有
有無政治聯屬關係	有	無	有

資料來源：本研究自行繪製

　　此外值得一提的是，地方派系是因選舉而生的群體，若派系所推舉之候選人在選舉中失敗，或是在選舉中名聲有損且禍及派系本身，甚至是候選人自身所作所為已不符合派系利益，基本上就會被派系冷落甚至剔除。但在宗族中較不易出現此種情況，因為無論選舉結果如何，都不能改變候選人本身屬於該宗親的事實，這也是地方派系與宗親會的差異之處。

貳、宗親會與政黨之關聯性──以訪談內容分析

　　因為長時間的戰地政務時期，使金門的政治氛圍相當保守且封閉。在 1992 年前的金門，其實還是有選舉制度的，只是選舉層級只到鄉鎮長一級，而在過去威權體制之下，國民黨的候選人往往具有絕對優勢，加上金門相較於臺灣而言，大中國的思想更為強烈，對國民黨的認同早已深化於心，這就是大多數的金門政治人物皆具有國民黨籍的緣故。而從受訪者 C1、E2 和 E3 之訪談內容中，便可知曉國民黨在金門的影響力：

　　　金門是泛藍，所以還是可以運作，政黨本身的力量還是很強的，有在動員，國民黨的動員能力還是夠的。綠的議員有可能，但是立委和縣長不可能有綠黨，因為金門普遍還是大中國思想，對大陸的感情較深，覺得血濃於水，情感難以割捨……（C3）

　　　金門民主政治現在才第六屆，因為之前的長期軍管，扭曲了我們地方政治的架構，變成府大於會，跟台灣的政治生態是不同的，因台灣政黨政治比較明顯，國民黨和民進黨會互相抨擊，但在金門政黨的自制力沒有這麼高，而且有些受惠於縣長，讓政黨在金門也比較沒有辦法發揮，陰晦金門地方狹小……（E2）

　　　一般地方政治發展都是政黨政治，通常是哪一個政黨推出候選人讓我們選民來選擇，但因為金門沒辦法，陳李都是大姓，他們推出的國民黨都要去應付它，上次還是國民黨去拜託李沃士出來選，也沒想到老李跟國民黨合作就勝選了……（E3）

　　由上述訪談內容，我們可以瞭解金門民主化起步較晚，過去的軍管時期造就了金門特殊的地方政治的生態，使金門幾乎沒有政黨政治的競合。即使有政黨的競合也都是泛藍陣營之間角逐，如國民黨籍縣長陳水在、新黨籍縣長李炷

烽皆是泛藍陣營要角即可判斷。金門選民的結構性是統派、國親的,所以對民進黨是非常不利(陳彥義,2005)。而金門這樣的態勢要翻轉需要一段很長的時間。

宗親會與政黨的關聯性,基本上是基於候選人本身的原因。先前已經提及國民黨在金門的影響力甚大,因此在金門參政的政治人物,大多具有國民黨籍,但候選人一般會先尋求宗親力量的支持,在得到宗親支持後,進而接受黨的提名,讓自己除了具備宗親力挺外,亦得到國民黨認同,使其在選舉中如虎添翼。上述論點從 B2 與 B3 之訪談內容中可得到印證,可知曉候選人是如何運用宗親會與國民黨的力量來協助自身的選舉:

> 我在民國 60 年是國民黨的小組長,從鄉鎮代表到立法委員各層級的選舉都有參與輔選,有豐富的輔選經驗,所以在加入宗親會後,會比照黨的方式來做,把這個方式帶到宗親,也用這個篩選候選人。在候選人方面也會進行提議分析裁決,如果可以宗親會就會幫忙輔選,若是資格不夠宗親會也會分析勸退,那宗親會決議的人選會公告。(B2)

> 我當時的程序,先獲得李家認同,再獲得國民黨認同,從最基層的開始,讓李家就推一個代表,姓李的各黨各派的人再來競爭,最後我脫穎而出,獲得參選資格。有意願之李候選人先在李家表態,然後李家先篩選,再去黨內初選,若沒選中,再回李家初選。(B3)

由上述訪談內容我們可以瞭解到,欲參選公職的候選人,會先爭取宗親的支持,再透過黨的運作機制獲得提名。而宗親會內部也有許多曾經進入國民黨運作的成員,他們亦會將國民黨的推舉機制,應用在宗親會內部的舉薦人才上,在宗族舉才、政黨提名的情況下,更能提高候選人本身的當選機會。

但隨著網路時代的興起,年輕一代對政黨的認同度也日漸降低,在金門老一輩漸漸凋零的情況下,宗親會與國民黨的在選舉上的影響力是否得以延續,

會是一個值得討論的重點。在受訪者 B2 的想法裡，對於國民黨在金門的影響力，他是這樣敘述的：

> 政黨現在國民黨在金門已經拉不起來了，國民黨在金門只有老一輩才會有用，年輕人沒再理政黨了，而且老人也都差不多了。國民黨在金門幾十年了，金門人為你們做牛做馬，有得到什麼回報嗎？沒有，而且在戒嚴、戰地政務的時候，遭受的迫害，這些都是怨氣，佔用民資、土地，這些帳都是記在國民黨頭上，所以國民黨已經差不多了。（B2）

從此敘述當中，我們可以理解國民黨現在在金門的情況，也許現在沒有其他有力政黨能與國民黨相抗衡，但國民黨本身在金門的力量似乎也在逐漸下降當中，此現象值得我們持續觀察。

參、宗親會與選舉之關聯性—以訪談內容分析

宗親會鄉鎮是金門政治中一股重要的勢力，許多受訪者對於宗親會在選舉中的影響力，除了強調大姓的人數優勢之外，對於陳氏宗親的推選制度，也是許多受訪者皆有提及的另項重點。他們認為透過宗親內部的彼此競爭與投票，除了能夠瞭解宗親內部的支持意向外，更重要的是在宗族內部脫穎而出的候選人，宗親會會給予全力支持。若此姓氏為大姓，受到宗親支持的候選人當選的機會相較於其他沒有共識的宗親會而言，自然高出許多。而有關陳氏宗親內部的推選機制，可從受訪者 E1、E3 及 F2 的訪談內容中瞭解：

> 陳氏宗親會有初選制度，推舉出的候選人全宗族上下會全力輔選，而初選制度在第 7 屆的縣長選舉被破壞，2014 年選縣長要初選，2016 年選立委不用初選，2018 年選縣長變成推派，成了特定人操控因人設事的黑箱作業。若兩個候選人出來選舉，宗親會即啟動協商機制，協商機制不成功，即會有初選制度。（E1）

像陳家的初選機制也不落實，他們初選機制這次和上次不一樣，所以陳
滄江不爽，為什麼有問題，就是因為不透明，不是說大家鼓掌就通過，
應該要照程序來走，但上次有照程序來，而這次沒有。（E3）

陳氏宗親常年都是幹部投票推選候選人。有選舉辦法，但只有中央級的
縣長和立委才有選舉辦法，其他則是以協調方式決定。那這次有以現任
要連任之候選人為優先參選。從陳水在時期就有一套選舉機制，現在是
延續當時的機制，主要是在縣長、立委和鄉鎮長。（F2）

由上述訪談內容，我們可以發現亦有受訪者對於陳氏宗親的推選制度，表
達出強烈的不滿。陳氏宗親的推選制度始於陳水在時期，是為團結宗親力量，
所制定出來的一套機制，以陳氏宗族來說，只有在縣長、立委、國大代表等較
高層級的選舉才會運用推選制度（陳彥義，2005）。雖然有一套明文規定的機
制，但其運作仍被許多人認為有很大的操縱空間，而最受質疑的是此制度的不
公開。但不可否認的是，陳氏宗親這樣的機制，也讓其他姓氏的宗親會想效法
此制度，推選出宗親所支持的候選人，而此論述能在 F5 、F6 及 F7 的訪談內
容中得到佐證：

就是變成國民黨有一個國民黨的黨內初選機制，宗親會有宗親會裡面初
選的機制。以我個人來講是希望王氏宗親會裡面也有個初選的機制，當
有其他人也想出來選，他們會透過宗親會的理監事，理監事會達成一種
共識，就一個議題、一個案子，研究一個配套措施，怎麼樣讓宗親的力
量很團結，以後會有這樣的機制。經過這次的歷史經驗，會比較希望宗
親會有這樣的機制，因為像陳氏宗親會他們也會有，李氏宗親也有，張
氏宗親也有，黃氏宗親這方面比較弱，王氏宗親經過這一次之後，以後
我們也會誘導這個方向，成不成不曉得。（F5）

陳氏宗親會有，但李氏沒有。經過這一次的選舉，有在研議說下次選舉

有推選的辦法出來，多席次的比較沒辦法去提名，可是單一席次如果沒有提名，宗親的基本盤票源就會分散了，分散之後你沒辦法去做協調或整合，那就要有推選機制了。例如，走初選、民調、有公平性的方式，避免未來有爭端或宗親會挺這個人也不是，挺那個人也不是。（F6）

這次大選有推選機制但沒有明文規定，以前是沒有啦！因為以前也沒有人要選，但這次派出的是鎮長，就會詢問大家意見，因為宗親當中總要有一個能在公部門運作的人。對一個宗親會以後的推展，能相對容易一些。而宗親會推選候選人這是可以，但做法可以再細心一些，因為宗親會其實蠻分散的，要如何讓各堂口信服，這部分可能做的不是很好，應該先放出消息讓大家去思考，讓宗親中有意願參選公職的人去宗親會登記，宗親會再去協商，以最高票推出人選。這次推人並沒有落實這些事，自然就會有一些聲音出來，畢竟一有小問題宗親就會爭吵、不合，我想細膩一點比較好。若是有兩個以上的候選人，通常會用勸退與協調的方式處理……（F7）

　　但也有受訪者對於宗親初選制度直接表示不認同，因為他們認為在金門宗親會內部的初選制大多是不公正不公開的，與其要得到宗親力量才投入選舉，不如直接投入選舉戰場，直接由選民來決定你是能為人民服務。而也有受訪者也認為，初選機制其實會傷害彼此宗族內的情感，可從訪談者 E5 、F1 和 F4 訪談內容中知曉：

如果這是不錯人才推出來沒有影響，怕宗親會推出來的人是有私利的。所以，六桂宗親會才說不要再涉入選舉，因為六桂宗親會是六個姓，不是單姓，我單姓我還比較好處理。我比較不贊同推選機制，因為宗親會每個人想法都不一樣，剛也說一次選舉就分裂一次，每個人支持的都不一樣。如果宗親會這個頭頭，有私心的話就會把宗親會給毀掉了，不是

原先已聯絡感情為主而走向利益化。（E5）

沒有擔任行政體系，楊家沒有初選機制，表態、競爭、協調、鼓掌通過。支持楊家的人選是情感上的支持。相對傳統，沒有組織化。初選會導致宗親掛勾會變質，不希望與政治……（F4）

我也不想透過宗親會這個管道，也不想動員宗親來助選，我想參選是透過我的意志，不是被宗親會推出來參選。所以我沒有透過宗親會的推薦，我也不想透過這個管道。我個人希望金門早日跳脫宗親參與政治的制度。（F4）

推選機制也要公平化，你不能夠只透過理監事會或是幾個特定大老來推薦，你應該透過開放的方式，或是毛遂自薦的方式來推選，甚至以政見發表會或是公開辯論會的方式，讓宗親會會員來評斷，就是說宗親會內規和機制就不是民主化的形式，我認為要有公平公正公開的方式來進行推選，但現在就是不公平不公正不公開，所以我其實不認同金門的推選機制，但只要推選機制公平且公開我就認同，且推選機制要能評出優劣，讓劣者自知退出，但現今金門目前的宗親初選制度不夠民主化。（F4）

上述的訪談者皆表達了對宗親推選機制的看法，大家希望推舉機制要具備開放登記、辦理公開辯論與政見發表，讓優秀的候選人能夠脫穎而出這三大原則，而現今唯一有推舉辦法陳氏宗親，也並不具備如此的水平，但未來若能實踐，相信對於宗親會在政治舉才方面必是一大進步。

肆、宗親會與2018年金門縣五合一選舉之關聯性——以出口問卷調查分析

本研究為了探究宗親會對2018金門五合一選舉之影響，於2018年11月

24 日，至金門各地共 76 個投開票所進行問卷調查，一共取得 629 個樣本，並將各項數據交叉比對之後，本研究得出以下五大論點：

一、40～49 歲願意支持宗親會候選人的比例有逐漸上升之趨勢

　　從表 4-3-2 的交叉分析結果來看，40～49 歲會支持宗親會所提名的候選人的比例，與不支持宗親會所提名的候選人的比例，是佔據各半的態勢，皆為 21.7%。40～49 歲以下的民眾不太會支持宗親會所提名之候選人，而 40～49 歲以上的民眾支持宗親候選人比例則超過不支持。本研究認為主要因素是否參與宗親會活動所致。在先前的研究中有提及，金門宗親會是候選人優先會尋求支持的群體，候選人平時就會與宗親會密切接觸且互有往來，若自身本就很較少參與宗親會活動，自然難以認同宗親所推舉的候選人。而金門的宗親會是有做梯隊接班的規劃，宗族長老會逐漸將宗族事務下放給中生代去掌管，而所謂的中生代即為 40～49 歲，當 40～49 歲的中生代接掌宗族事務時，與候選人或政治人物的接觸就會增加，並從逐漸對宗族產生信任與認同，隨著年紀增長涉入且宗族事務越深，也越容易去支持宗親會所推舉的人選。

表 5-3-2　年齡*是否會支持宗親會所推舉的候選人交叉表

			是	否	不一定	總和
請問您是否會支持宗親會所推舉的候選人？						
年齡	20-29 歲	個數	20	29	80	129
		在 年齡 之內的	15.5%	22.5%	62.0%	100.0%
		整體的%	3.2%	4.7%	12.9%	20.8%
	30-39 歲	個數	21	31	62	114
		在 年齡 之內的	18.4%	27.2%	54.4%	100.0%
		整體的%	3.4%	5.0%	10.0%	18.4%
	40-49 歲	個數	20	20	52	92
		在 年齡 之內的	21.7%	21.7%	56.5%	100.0%
		整體的%	3.2%	3.2%	8.4%	14.8%
	50-59 歲	個數	41	21	70	132

請問您是否會支持宗親會所推舉的候選人？				
		是	否	不一定	總和
	在 年齡 之內的	31.1%	15.9%	53.0%	100.0%
	整體的%	6.6%	3.4%	11.3%	21.3%
60 歲以上	個數	51	37	66	154
	在 年齡 之內的	33.1%	24.0%	42.9%	100.0%
	整體的%	8.2%	6.0%	10.6%	24.8%
總和	個數	153	138	330	621
	在 年齡 之內的	24.6%	22.2%	53.1%	100.0%
	整體的%	24.6%	22.2%	53.1%	100.0%

資料來源：本研究自行繪製。

　　從表 5-3-3 的交叉分析結果觀察，40～49 歲有參與宗親會活動之比例，與沒有參加宗親會的比例逐漸呈現持平狀態，且年齡越大有參與的比例就越高，反之 40～49 歲以下的年齡層未參與宗親會活動皆近 70%，對照上方表 5-3-2 的內容接近吻合。證明了 40～49 歲是宗親事務的分界線，40～49 歲開始接觸宗親會活動後，對宗親會的認同感與歸屬感皆會逐漸上升，對於宗親所推舉的人選亦有一定的接觸與認知，這就會影響到一個人的投票行為，在選舉時傾向投給自己宗親所推舉的人選。

表 5-3-3　年齡*是否有參與的宗親會活動交叉表

請問您是否有參與的宗親會活動？				
		是	否	總和
		個數	41	88	129
	20-29 歲	在 年齡 之內的	31.8%	68.2%	100.0%
年齡		整體的 %	6.5%	14.0%	20.6%
	30-39 歲	個數	36	78	114
		在 年齡 之內的	31.6%	68.4%	100.0%

請問您是否有參與的宗親會活動？				
			是	否	總和
		整體的 %	5.7%	12.4%	18.2%
	40-49 歲	個數	42	50	92
		在 年齡 之內的	45.7%	54.3%	100.0%
		整體的 %	6.7%	8.0%	14.7%
	50-59 歲	個數	62	73	135
		在 年齡 之內的	45.9%	54.1%	100.0%
		整體的 %	9.9%	11.6%	21.5%
	60 歲以上	個數	77	80	157
		在 年齡 之內的	49.0%	51.0%	100.0%
		整體的 %	12.3%	12.8%	25.0%
總和		個數	258	369	627
		在 年齡 之內的	41.1%	58.9%	100.0%
		整體的 %	41.1%	58.9%	100.0%

資料來源：本研究自行繪製。

二、金沙鎮為參與宗親事務最為積極的鄉鎮

　　自表 5-3-4 的交叉分析結果顯示，金沙鎮中參與宗親活動的比例為 49.5%，逼近五成之多，也就是有一半的鎮民持續與宗親會保持密切連結，而在今年縣長選舉時這樣的狀況特別明顯，現任縣長陳福海在金沙鎮一共拿下 4412 票亦是宗親的動員力道夠強所致。金沙鎮會較為投入宗親會事務的原因在於金沙鎮並沒有像金湖、金城有足夠的城市吸力，更不如金寧有大量的新移民移入此地，人口高齡化的情況相對顯著。而會積極投入宗親會運作的年齡層以 40～49 歲以上為主，因此金沙鎮對於宗親會活動的參與比例會相較於其他鄉鎮更為明顯。

表 5-3-4　設籍地區*是否參與的宗親會活動交叉表

請問您是否有參與的宗親會活動？			是	否	總和
設籍地區	金城鎮	個數	75	146	221
		在 設籍地區 之內的	33.9%	66.1%	100.0%
		整體的 %	11.9%	23.2%	35.1%
	金湖鎮	個數	59	75	134
		在 設籍地區 之內的	44.0%	56.0%	100.0%
		整體的 %	9.4%	11.9%	21.3%
	金沙鎮	個數	53	54	107
		在 設籍地區 之內的	49.5%	50.5%	100.0%
		整體的 %	8.4%	8.6%	17.0%
	金寧鄉	個數	50	70	120
		在 設籍地區 之內的	41.7%	58.3%	100.0%
		整體的 %	7.9%	11.1%	19.1%
	烈嶼鄉	個數	21	26	47
		在 設籍地區 之內的	44.7%	55.3%	100.0%
		整體的 %	3.3%	4.1%	7.5%
總和		個數	258	371	629
		在 設籍地區 之內的	41.0%	59.0%	100.0%
		整體的 %	41.0%	59.0%	100.0%

資料來源：本研究自行繪製。

　　而表 5-3-4 的交叉分析結果也明確的顯示，金沙鎮參與宗親會的不只有自身參與，親朋好友的投入程度也有 74.8%，如此高的比例，印證了金沙鎮宗親的緊密依存程度，相較於其他鄉鎮會更為顯著許多。

表 5-3-5　設籍地區*親朋好友是否有參與宗親會的活動交叉表

			是	否	不知道	總和
設籍地區		**請問您的親朋好友是否有參與宗親會的活動？**				
	金城鎮	個數	159	36	25	220
		在 設籍地區 之內的	72.3%	16.4%	11.4%	100.0%
		整體的 %	25.4%	5.7%	4.0%	35.1%
	金湖鎮	個數	90	34	9	133
		在 設籍地區 之內的	67.7%	25.6%	6.8%	100.0%
		整體的 %	14.4%	5.4%	1.4%	21.2%
	金沙鎮	個數	80	13	14	107
		在 設籍地區 之內的	74.8%	12.1%	13.1%	100.0%
		整體的 %	12.8%	2.1%	2.2%	17.1%
	金寧鄉	個數	89	19	12	120
		在 設籍地區 之內的	74.2%	15.8%	10.0%	100.0%
		整體的 %	14.2%	3.0%	1.9%	19.1%
	烈嶼鄉	個數	31	6	10	47
		在 設籍地區 之內的	66.0%	12.8%	21.3%	100.0%
		整體的 %	4.9%	1.0%	1.6%	7.5%
	總和	個數	449	108	70	627
		在 設籍地區 之內的	71.6%	17.2%	11.2%	100.0%
		整體的 %	71.6%	17.2%	11.2%	100.0%

資料來源：本研究自行繪製

三、金沙鎮認為宗親影響力影響選舉因素最高

依表 5-3-6、表 5-3-7、表 5-3-8、表 5-3-9、表 5-3-10 的交叉分析所示，將有些影響力和非常有影響力相加之後，認為宗親會對於選舉有影響力在各級選舉中皆是金沙鎮拔得頭籌。而金沙鎮在認為宗親會對各層級選舉有影響力的數據分別為：縣長選舉 83.2%、議員選舉 71%、鄉鎮長選舉 75%、鄉鎮代表選舉 69.2%、村里長選舉 71.1%。大部分認為宗親會對各級選舉影響力皆達到七成以上，因為金沙鎮的居民多數均有參與宗親會相關活動與日常事務之運作，加上人口複雜度相較於金城、金湖來說更為單純，要利用宗親會的人際網路動員會更為容易掌握。

表 5-3-6　設籍地區*宗親會對於縣長選舉影響力交叉表

			請問您認為宗親會對於「縣長」選舉有沒有影響力？					
			完全沒有影響力	不太有影響力	有些影響力	非常有影響力	不知道或不一定	總和
設籍地區	金城鎮	個數	3	15	104	71	28	221
		在 設籍地區之內的	1.4%	6.8%	47.1%	32.1%	12.7%	100.0%
		整體的 %	0.5%	2.4%	16.5%	11.3%	4.5%	35.1%
	金湖鎮	個數	7	14	49	50	14	134
		在 設籍地區之內的	5.2%	10.4%	36.6%	37.3%	10.4%	100.0%
		整體的 %	1.1%	2.2%	7.8%	7.9%	2.2%	21.3%
	金沙鎮	個數	3	4	44	45	11	107
		在 設籍地區之內的	2.8%	3.7%	41.1%	42.1%	10.3%	100.0%
		整體的 %	0.5%	0.6%	7.0%	7.2%	1.7%	17.0%
	金寧鄉	個數	1	11	51	36	21	120

請問您認為宗親會對於「縣長」選舉有沒有影響力？							
			完全沒有影響力	不太有影響力	有些影響力	非常有影響力	不知道或不一定	總和
		在 設籍地區之內的	0.8%	9.2%	42.5%	30.0%	17.5%	100.0%
		整體的 %	0.2%	1.7%	8.1%	5.7%	3.3%	19.1%
	烈嶼鄉	個數	1	3	23	11	9	47
		在 設籍地區之內的	2.1%	6.4%	48.9%	23.4%	19.1%	100.0%
		整體的 %	0.2%	0.5%	3.7%	1.7%	1.4%	7.5%
	總和	個數	15	47	271	213	83	629
		在 設籍地區之內的	2.4%	7.5%	43.1%	33.9%	13.2%	100.0%
		整體的 %	2.4%	7.5%	43.1%	33.9%	13.2%	100.0%

資料來源：本研究自行繪製。

表 5-3-7　設籍地區*宗親會對於議員選舉影響力交叉表

請問您認為宗親會對於「議員」選舉有沒有影響力？							
			完全沒有影響力	不太有影響力	有些影響力	非常有影響力	不知道或不一定	總和
設籍地區	金城鎮	個數	9	29	102	47	34	221
		在 設籍地區之內的	4.1%	13.1%	46.2%	21.3%	15.4%	100.0%
		整體的 %	1.4%	4.6%	16.2%	7.5%	5.4%	35.1%
	金湖鎮	個數	9	27	50	31	17	134

請問您認為宗親會對於「議員」選舉有沒有影響力？						
		完全沒有影響力	不太有影響力	有些影響力	非常有影響力	不知道或不一定	總和
		在 設籍地區之內的	6.7%	20.1%	37.3%	23.1%	12.7%	100.0%
		整體的 %	1.4%	4.3%	7.9%	4.9%	2.7%	21.3%
金沙鎮	個數	7	13	50	26	11	107
	在 設籍地區之內的	6.5%	12.1%	46.7%	24.3%	10.3%	100.0%
	整體的 %	1.1%	2.1%	7.9%	4.1%	1.7%	17.0%
金寧鄉	個數	5	19	51	23	22	120
	在 設籍地區之內的	4.2%	15.8%	42.5%	19.2%	18.3%	100.0%
	整體的 %	0.8%	3.0%	8.1%	3.7%	3.5%	19.1%
烈嶼鄉	個數	2	6	21	8	10	47
	在 設籍地區之內的	4.3%	12.8%	44.7%	17.0%	21.3%	100.0%
	整體的 %	0.3%	1.0%	3.3%	1.3%	1.6%	7.5%
總和	個數	32	94	274	135	94	629
	在 設籍地區之內的	5.1%	14.9%	43.6%	21.5%	14.9%	100.0%
	整體的 %	5.1%	14.9%	43.6%	21.5%	14.9%	100.0%

資料來源：本研究自行繪製。

表 5-3-8　設籍地區*宗親會鄉鎮長選舉影響力交叉表

請問您認為宗親會對於「鄉鎮長」選舉有沒有影響力？							
			完全沒有影響力	不太有影響力	有些影響力	非常有影響力	不知道或不一定	總和
設籍地區	金城鎮	個數	8	25	102	51	35	221
		在 設籍地區之內的	3.6%	11.3%	46.2%	23.1%	15.8%	100.0%
		整體的 %	1.3%	4.0%	16.2%	8.1%	5.6%	35.1%
	金湖鎮	個數	4	21	56	39	14	134
		在 設籍地區之內的	3.0%	15.7%	41.8%	29.1%	10.4%	100.0%
		整體的 %	0.6%	3.3%	8.9%	6.2%	2.2%	21.3%
	金沙鎮	個數	7	9	51	30	10	107
		在 設籍地區之內的	6.5%	8.4%	47.7%	28.0%	9.3%	100.0%
		整體的 %	1.1%	1.4%	8.1%	4.8%	1.6%	17.0%
	金寧鄉	個數	8	8	57	30	17	120
		在 設籍地區之內的	6.7%	6.7%	47.5%	25.0%	14.2%	100.0%
		整體的 %	1.3%	1.3%	9.1%	4.8%	2.7%	19.1%

請問您認為宗親會對於「鄉鎮長」選舉有沒有影響力？			完全沒有影響力	不太有影響力	有些影響力	非常有影響力	不知道或不一定	總和
	烈嶼鄉	個數	2	0	23	14	8	47
		在 設籍地區之內的	4.3%	0.0%	48.9%	29.8%	17.0%	100.0%
		整體的 %	0.3%	0.0%	3.7%	2.2%	1.3%	7.5%
	總和	個數	29	63	289	164	84	629
		在 設籍地區之內的	4.6%	10.0%	45.9%	26.1%	13.4%	100.0%
		整體的 %	4.6%	10.0%	45.9%	26.1%	13.4%	100.0%

資料來源：本研究自行繪製。

表 5-3-9　設籍地區*宗親會對於鄉鎮民代表選舉影響力交叉表

請問您認為宗親會對於「鄉鎮民代表」選舉有沒有影響力？			完全沒有影響力	不太有影響力	有些影響力	非常有影響力	不知道或不一定	總和
設籍地區	金城鎮	個數	12	39	92	45	33	221
		在 設籍地區之內的	5.4%	17.6%	41.6%	20.4%	14.9%	100.0%
		整體的 %	1.9%	6.2%	14.6%	7.2%	5.2%	35.1%
	金湖鎮	個數	5	34	42	36	17	134

請問您認為宗親會對於「鄉鎮民代表」選舉有沒有影響力？						
		完全沒有影響力	不太有影響力	有些影響力	非常有影響力	不知道或不一定	總和
	在 設籍地區之內的	3.7%	25.4%	31.3%	26.9%	12.7%	100.0%
	整體的%	0.8%	5.4%	6.7%	5.7%	2.7%	21.3%
金沙鎮	個數	10	12	51	23	11	107
	在 設籍地區之內的	9.3%	11.2%	47.7%	21.5%	10.3%	100.0%
	整體的%	1.6%	1.9%	8.1%	3.7%	1.7%	17.0%
金寧鄉	個數	8	19	51	25	17	120
	在 設籍地區之內的	6.7%	15.8%	42.5%	20.8%	14.2%	100.0%
	整體的%	1.3%	3.0%	8.1%	4.0%	2.7%	19.1%
烈嶼鄉	個數	3	3	21	13	7	47
	在 設籍地區之內的	6.4%	6.4%	44.7%	27.7%	14.9%	100.0%
	整體的%	0.5%	0.5%	3.3%	2.1%	1.1%	7.5%
總和	個數	38	107	257	142	85	629
	在 設籍地區之內的	6.0%	17.0%	40.9%	22.6%	13.5%	100.0%
	整體的%	6.0%	17.0%	40.9%	22.6%	13.5%	100.0%

資料來源：本研究自行繪製。

表 5-3-10　設籍地區*宗親會對於村里長選舉影響力交叉表

			完全沒有影響力	不太有影響力	有些影響力	非常有影響力	不知道或不一定	總和
設籍地區	金城鎮	個數	14	37	84	52	34	221
		在 設籍地區之內的	6.3%	16.7%	38.0%	23.5%	15.4%	100.0%
		整體的 %	2.2%	5.9%	13.4%	8.3%	5.4%	35.1%
	金湖鎮	個數	5	28	47	41	13	134
		在 設籍地區之內的	3.7%	20.9%	35.1%	30.6%	9.7%	100.0%
		整體的 %	0.8%	4.5%	7.5%	6.5%	2.1%	21.3%
	金沙鎮	個數	15	6	42	34	10	107
		在 設籍地區之內的	14.0%	5.6%	39.3%	31.8%	9.3%	100.0%
		整體的 %	2.4%	1.0%	6.7%	5.4%	1.6%	17.0%
	金寧鄉	個數	6	19	39	38	18	120
		在 設籍地區之內的	5.0%	15.8%	32.5%	31.7%	15.0%	100.0%
		整體的 %	1.0%	3.0%	6.2%	6.0%	2.9%	19.1%

請問您認為宗親會對於「村里長」選舉有沒有影響力？

請問您認為宗親會對於「村里長」選舉有沒有影響力？							
			完全沒有影響力	不太有影響力	有些影響力	非常有影響力	不知道或不一定	總和
烈嶼鄉	個數		3	5	16	16	7	47
	在 設籍地區之內的		6.4%	10.6%	34.0%	34.0%	14.9%	100.0%
	整體的 %		0.5%	0.8%	2.5%	2.5%	1.1%	7.5%
總和	個數		43	95	228	181	82	629
	在 設籍地區之內的		6.8%	15.1%	36.2%	28.8%	13.0%	100.0%
	整體的 %		6.8%	15.1%	36.2%	28.8%	13.0%	100.0%

資料來源：本研究自行繪製。

四、就性別交叉分析看來，認為宗親會影響各級選舉的比例相當平均

　　據表 5-3-11、表 5-3-12、表 5-3-13、表 5-3-14、表 5-3-15 的交叉分析所顯示，將有些影響力和非常有影響力相加之後，各級選舉皆是男女交叉比例不相上下，男性部分認為宗親會對縣長選舉有影響力為 79.8%、宗親會對議員選舉有影響力為 67.1%、宗親會對鄉鎮長選舉有影響力為 75.3%、宗親會對鄉鎮代表選舉有影響力為 65.5%、宗親會對村里長選舉有影響力為 66.4%。而女性部分認為宗親會對縣長選舉有影響力為 74.2%、宗親會對議員選舉有影響力為 63.4%、宗親會對鄉鎮長選舉有影響力為 69%、宗親會對鄉鎮代表選舉有影響力為 61.5%、宗親會對村里長選舉有影響力為 64.7%。本研究觀察到針對宗親會影響選舉一事，男性和女性的感受基本上是一致，但男性在比例上會略高於女性，這可能是因為金門宗親會的日常事務大多由男性負責主導有關。

表 5-3-11　性別*宗親會對於縣長選舉影響力交叉表

			完全沒有影響力	不太有影響力	有些影響力	非常有影響力	不知道或不一定	總和
性別	男性	個數	10	25	148	130	39	352
		在 性別 之內的	2.8%	7.1%	42.0%	36.9%	11.1%	100.0%
		整體的 %	1.7%	4.1%	24.5%	21.5%	6.5%	58.3%
	女性	個數	3	21	108	79	41	252
		在 性別 之內的	1.2%	8.3%	42.9%	31.3%	16.3%	100.0%
		整體的 %	0.5%	3.5%	17.9%	13.1%	6.8%	41.7%
	總和	個數	13	46	256	209	80	604
		在 性別 之內的	2.2%	7.6%	42.4%	34.6%	13.2%	100.0%
		整體的 %	2.2%	7.6%	42.4%	34.6%	13.2%	100.0%

請問您認為宗親會對於「縣長」選舉有沒有影響力？

資料來源：本研究自行繪製。

表 5-3-12　性別*宗親會對於議員選舉影響力交叉表

			完全沒有影響力	不太有影響力	有些影響力	非常有影響力	不知道或不一定	總和
性別	男性	個數	19	56	153	83	41	352
		在 性別 之內的	5.4%	15.9%	43.5%	23.6%	11.6%	100.0%
		整體的 %	3.1%	9.3%	25.3%	13.7%	6.8%	58.3%

請問您認為宗親會對於「議員」選舉有沒有影響力？

	女性	個數	11	31	111	49	50	252
		在 性別 之 內的	4.4%	12.3%	44.0%	19.4%	19.8%	100.0%
		整體的 %	1.8%	5.1%	18.4%	8.1%	8.3%	41.7%
	總和	個數	30	87	264	132	91	604
		在 性別 之 內的	5.0%	14.4%	43.7%	21.9%	15.1%	100.0%
		整體的 %	5.0%	14.4%	43.7%	21.9%	15.1%	100.0%

資料來源：本研究自行繪製。

表 5-3-13　性別*宗親會對於鄉鎮長選舉影響力交叉表

請問您認為宗親會對於「鄉鎮長」選舉有沒有影響力？			完全沒有影響力	不太有影響力	有些影響力	非常有影響力	不知道或不一定	總和
性別	男性	個數	15	35	164	101	37	352
		在 性別 之 內的	4.3%	9.9%	46.6%	28.7%	10.5%	100.0%
		整體的 %	2.5%	5.8%	27.2%	16.7%	6.1%	58.3%
	女性	個數	12	24	115	59	42	252
		在 性別 之 內的	4.8%	9.5%	45.6%	23.4%	16.7%	100.0%
		整體的 %	2.0%	4.0%	19.0%	9.8%	7.0%	41.7%
	總和	個數	27	59	279	160	79	604

			完全沒有影響力	不太有影響力	有些影響力	非常有影響力	不知道或不一定	總和
		在 性別 之 內的	4.5%	9.8%	46.2%	26.5%	13.1%	100.0%
		整體的 %	4.5%	9.8%	46.2%	26.5%	13.1%	100.0%

資料來源：本研究自行繪製。

表 5-3-14　性別*宗親會對於鄉鎮民代表選舉影響力交叉表

請問您認為宗親會對於「鄉鎮民代表」選舉有沒有影響力？								
			完全沒有影響力	不太有影響力	有些影響力	非常有影響力	不知道或不一定	總和
性別	男性	個數	24	57	151	80	40	352
		在 性別 之 內的	6.8%	16.2%	42.9%	22.7%	11.4%	100.0%
		整體的 %	4.0%	9.4%	25.0%	13.2%	6.6%	58.3%
	女性	個數	13	44	97	58	40	252
		在 性別 之 內的	5.2%	17.5%	38.5%	23.0%	15.9%	100.0%
		整體的 %	2.2%	7.3%	16.1%	9.6%	6.6%	41.7%
	總和	個數	37	101	248	138	80	604
		在 性別 之 內的	6.1%	16.7%	41.1%	22.8%	13.2%	100.0%
		整體的 %	6.1%	16.7%	41.1%	22.8%	13.2%	100.0%

資料來源：本研究自行繪製。

表 5-3-15　性別*宗親會對於村里長選舉影響力交叉表

請問您認為宗親會對於「村里長」選舉有沒有影響力？			完全沒有影響力	不太有影響力	有些影響力	非常有影響力	不知道或不一定	總和
性別	男性	個數	24	56	123	111	38	352
		在 性別 之內的	6.8%	15.9%	34.9%	31.5%	10.8%	100.0%
		整體的 %	4.0%	9.3%	20.4%	18.4%	6.3%	58.3%
	女性	個數	16	33	97	66	40	252
		在 性別 之內的	6.3%	13.1%	38.5%	26.2%	15.9%	100.0%
		整體的 %	2.6%	5.5%	16.1%	10.9%	6.6%	41.7%
	總和	個數	40	89	220	177	78	604
		在 性別 之內的	6.6%	14.7%	36.4%	29.3%	12.9%	100.0%
		整體的 %	6.6%	14.7%	36.4%	29.3%	12.9%	100.0%

資料來源：本研究自行繪製。

五、就姓氏交叉分析看來，認為宗親會凝聚力與否，會影響各級選舉的比例，楊氏皆位居第一

以表 5-3-16、表 5-3-17、表 5-3-18、表 5-3-19、表 5-3-20 的交叉分析所顯示，將有些影響力和非常有影響力相加之後，各級選舉皆是楊氏位居第一的態勢，楊氏認為宗親會對縣長選舉有影響力為 91.8%、宗親會對議員選舉有影響力為 78.4%、宗親會對鄉鎮長選舉有影響力為 83.8%、宗親會對鄉鎮代表選舉

有影響力為 73%、宗親會對村里長選舉有影響力為 81%。基本上認為有影響力的比例都接近八成，其次是李氏皆接近七成，而金門第一大姓的陳氏也不過才位居第三。此數據反映在 2018 年的金門縣長選舉中，代表國民黨競逐的楊鎮浯採取楊氏與李氏兩家結盟策略，如實的將楊氏李氏宗親團聚力反映在選票中，最後使楊鎮浯以些微差距擊敗現任縣長陳福海，亦打破了金門「大姓出頭天，小姓奈何天」的魔咒。

表 5-3-16　姓氏*宗親會對於縣長選舉影響力交叉表

請問您認為宗親會對於「縣長」選舉有沒有影響力？						
			完全沒有影響力	不太有影響力	有些影響力	非常有影響力	不知道或不一定	總和
姓氏	陳	個數	2	8	31	24	10	75
		在姓氏之內的	2.7%	10.7%	41.3%	32.0%	13.3%	100.0%
		整體的 %	0.3%	1.3%	5.0%	3.9%	1.6%	12.0%
	李	個數	1	2	28	22	4	57
		在姓氏之內的	1.8%	3.5%	49.1%	38.6%	7.0%	100.0%
		整體的 %	0.2%	0.3%	4.5%	3.5%	0.6%	9.1%
	黃	個數	2	2	21	19	4	48
		在姓氏之內的	4.2%	4.2%	43.8%	39.6%	8.3%	100.0%
		整體的 %	0.3%	0.3%	3.4%	3.0%	0.6%	7.7%
	許	個數	0	4	20	8	6	38

請問您認為宗親會對於「縣長」選舉有沒有影響力？						
		完全沒有影響力	不太有影響力	有些影響力	非常有影響力	不知道或不一定	總和
	在 姓氏 之 內的	0.0%	10.5%	52.6%	21.1%	15.8%	100.0%
	整體的 ％	0.0%	0.6%	3.2%	1.3%	1.0%	6.1%
楊	個數	0	0	16	18	3	37
	在 姓氏 之 內的	0.0%	0.0%	43.2%	48.6%	8.1%	100.0%
	整體的 ％	0.0%	0.0%	2.6%	2.9%	0.5%	5.9%
蔡	個數	1	3	15	4	3	26
	在 姓氏 之 內的	3.8%	11.5%	57.7%	15.4%	11.5%	100.0%
	整體的 ％	0.2%	0.5%	2.4%	0.6%	0.5%	4.2%
林	個數	1	3	15	13	5	37
	在 姓氏 之 內的	2.7%	8.1%	40.5%	35.1%	13.5%	100.0%
	整體的 ％	0.2%	0.5%	2.4%	2.1%	0.8%	5.9%
王	個數	1	1	5	12	3	22
	在 姓氏 之 內的	4.5%	4.5%	22.7%	54.5%	13.6%	100.0%
	整體的 ％	0.2%	0.2%	0.8%	1.9%	0.5%	3.5%

請問您認為宗親會對於「縣長」選舉有沒有影響力？			完全沒有影響力	不太有影響力	有些影響力	非常有影響力	不知道或不一定	總和
	張	個數	0	5	13	10	5	33
		在 姓氏 之內的	0.0%	15.2%	39.4%	30.3%	15.2%	100.0%
		整體的 %	0.0%	0.8%	2.1%	1.6%	0.8%	5.3%
	吳	個數	1	2	12	2	7	24
		在 姓氏 之內的	4.2%	8.3%	50.0%	8.3%	29.2%	100.0%
		整體的 %	0.2%	0.3%	1.9%	0.3%	1.1%	3.9%
	其他	個數	6	16	94	80	30	226
		在 姓氏 之內的	2.7%	7.1%	41.6%	35.4%	13.3%	100.0%
		整體的 %	1.0%	2.6%	15.1%	12.8%	4.8%	36.3%
總和		個數	15	46	270	212	80	623
		在 姓氏 之內的	2.4%	7.4%	43.3%	34.0%	12.8%	100.0%
		整體的 %	2.4%	7.4%	43.3%	34.0%	12.8%	100.0%

資料來源：本研究自行繪製。

表 5-3-17　姓氏*宗親會對於議員選舉影響力交叉表

請問您認為宗親會對於「議員」選舉有沒有影響力？						
			完全沒有影響力	不太有影響力	有些影響力	非常有影響力	不知道或不一定	總和
姓氏	陳	個數	5	16	33	11	10	75
		在姓氏之內的	6.7%	21.3%	44.0%	14.7%	13.3%	100.0%
		整體的 %	0.8%	2.6%	5.3%	1.8%	1.6%	12.0%
	李	個數	3	6	24	19	5	57
		在姓氏之內的	5.3%	10.5%	42.1%	33.3%	8.8%	100.0%
		整體的 %	0.5%	1.0%	3.9%	3.0%	0.8%	9.1%
	黃	個數	3	7	23	11	4	48
		在姓氏之內的	6.2%	14.6%	47.9%	22.9%	8.3%	100.0%
		整體的 %	0.5%	1.1%	3.7%	1.8%	0.6%	7.7%
	許	個數	1	8	18	7	4	38
		在姓氏之內的	2.6%	21.1%	47.4%	18.4%	10.5%	100.0%

請問您認為宗親會對於「議員」選舉有沒有影響力？						
		完全沒有影響力	不太有影響力	有些影響力	非常有影響力	不知道或不一定	總和
楊	整體的 %	0.2%	1.3%	2.9%	1.1%	0.6%	6.1%
	個數	0	5	25	4	3	37
	在 姓氏 之內的	0.0%	13.5%	67.6%	10.8%	8.1%	100.0%
蔡	整體的 %	0.0%	0.8%	4.0%	0.6%	0.5%	5.9%
	個數	2	4	11	3	6	26
	在 姓氏 之內的	7.7%	15.4%	42.3%	11.5%	23.1%	100.0%
林	整體的 %	0.3%	0.6%	1.8%	0.5%	1.0%	4.2%
	個數	1	5	14	9	8	37
	在 姓氏 之內的	2.7%	13.5%	37.8%	24.3%	21.6%	100.0%
王	整體的 %	0.2%	0.8%	2.2%	1.4%	1.3%	5.9%
	個數	2	3	5	7	5	22
	在 姓氏 之內的	9.1%	13.6%	22.7%	31.8%	22.7%	100.0%

請問您認為宗親會對於「議員」選舉有沒有影響力？						
		完全沒有影響力	不太有影響力	有些影響力	非常有影響力	不知道或不一定	總和
	整體的 %	0.3%	0.5%	0.8%	1.1%	0.8%	3.5%
張	個數	2	7	14	6	4	33
	在姓氏之內的	6.1%	21.2%	42.4%	18.2%	12.1%	100.0%
	整體的 %	0.3%	1.1%	2.2%	1.0%	0.6%	5.3%
吳	個數	0	3	10	3	8	24
	在姓氏之內的	0.0%	12.5%	41.7%	12.5%	33.3%	100.0%
	整體的 %	0.0%	0.5%	1.6%	0.5%	1.3%	3.9%
其他	個數	12	29	96	55	34	226
	在姓氏之內的	5.3%	12.8%	42.5%	24.3%	15.0%	100.0%
	整體的 %	1.9%	4.7%	15.4%	8.8%	5.5%	36.3%
總和	個數	31	93	273	135	91	623
	在姓氏之內的	5.0%	14.9%	43.8%	21.7%	14.6%	100.0%

請問您認為宗親會對於「議員」選舉有沒有影響力？						
		完全沒有影響力	不太有影響力	有些影響力	非常有影響力	不知道或不一定	總和
	整體的 %	5.0%	14.9%	43.8%	21.7%	14.6%	100.0%

資料來源：本研究自行繪製。

表 5-3-18　姓氏*宗親會對於鄉鎮長選舉影響力交叉表

請問您認為宗親會對於「鄉鎮長」選舉有沒有影響力？							
			完全沒有影響力	不太有影響力	有些影響力	非常有影響力	不知道或不一定	總和
姓氏	陳	個數	4	12	34	14	11	75
		在姓氏之內的	5.3%	16.0%	45.3%	18.7%	14.7%	100.0%
		整體的 %	0.6%	1.9%	5.5%	2.2%	1.8%	12.0%
	李	個數	2	6	27	17	5	57
		在姓氏之內的	3.5%	10.5%	47.4%	29.8%	8.8%	100.0%
		整體的 %	0.3%	1.0%	4.3%	2.7%	0.8%	9.1%
	黃	個數	2	6	23	14	3	48
		在姓氏之內的	4.2%	12.5%	47.9%	29.2%	6.2%	100.0%
		整體的 %	0.3%	1.0%	3.7%	2.2%	0.5%	7.7%

請問您認為宗親會對於「鄉鎮長」選舉有沒有影響力？						
			完全沒有影響力	不太有影響力	有些影響力	非常有影響力	不知道或不一定	總和
許	個數	2	5	23	5	3	38
	在姓氏之內的	5.3%	13.2%	60.5%	13.2%	7.9%	100.0%
	整體的 %	0.3%	0.8%	3.7%	0.8%	0.5%	6.1%
楊	個數	0	3	22	9	3	37
	在姓氏之內的	0.0%	8.1%	59.5%	24.3%	8.1%	100.0%
	整體的 %	0.0%	0.5%	3.5%	1.4%	0.5%	5.9%
蔡	個數	1	4	12	3	6	26
	在姓氏之內的	3.8%	15.4%	46.2%	11.5%	23.1%	100.0%
	整體的 %	0.2%	0.6%	1.9%	0.5%	1.0%	4.2%
林	個數	1	2	15	13	6	37
	在姓氏之內的	2.7%	5.4%	40.5%	35.1%	16.2%	100.0%
	整體的 %	0.2%	0.3%	2.4%	2.1%	1.0%	5.9%
王	個數	2	2	7	7	4	22
	在姓氏之內的	9.1%	9.1%	31.8%	31.8%	18.2%	100.0%

請問您認為宗親會對於「鄉鎮長」選舉有沒有影響力？						
		完全沒有影響力	不太有影響力	有些影響力	非常有影響力	不知道或不一定	總和
張	整體的 %	0.3%	0.3%	1.1%	1.1%	0.6%	3.5%
	個數	2	4	14	9	4	33
	在 姓氏 之內的	6.1%	12.1%	42.4%	27.3%	12.1%	100.0%
吳	整體的 %	0.3%	0.6%	2.2%	1.4%	0.6%	5.3%
	個數	0	5	10	4	5	24
	在 姓氏 之內的	0.0%	20.8%	41.7%	16.7%	20.8%	100.0%
其他	整體的 %	0.0%	0.8%	1.6%	0.6%	0.8%	3.9%
	個數	13	13	100	69	31	226
	在 姓氏 之內的	5.8%	5.8%	44.2%	30.5%	13.7%	100.0%
	整體的 %	2.1%	2.1%	16.1%	11.1%	5.0%	36.3%
總和	個數	29	62	287	164	81	623
	在 姓氏 之內的	4.7%	10.0%	46.1%	26.3%	13.0%	100.0%
	整體的 %	4.7%	10.0%	46.1%	26.3%	13.0%	100.0%

資料來源：本研究自行繪製。

表 5-3-19 姓氏*宗親會對於鄉鎮民代表選舉影響力交叉表

			完全沒有影響力	不太有影響力	有些影響力	非常有影響力	不知道或不一定	總和
			請問您認為宗親會對於「鄉鎮民代表」選舉有沒有影響力？					
姓氏	陳	個數	5	20	30	10	10	75
		在 姓氏 之 內的	6.7%	26.7%	40.0%	13.3%	13.3%	100.0%
		整體的 %	0.8%	3.2%	4.8%	1.6%	1.6%	12.0%
	李	個數	5	6	26	15	5	57
		在 姓氏 之 內的	8.8%	10.5%	45.6%	26.3%	8.8%	100.0%
		整體的 %	0.8%	1.0%	4.2%	2.4%	0.8%	9.1%
	黃	個數	4	8	16	15	5	48
		在 姓氏 之 內的	8.3%	16.7%	33.3%	31.2%	10.4%	100.0%
		整體的 %	0.6%	1.3%	2.6%	2.4%	0.8%	7.7%
	許	個數	2	9	19	5	3	38
		在 姓氏 之 內的	5.3%	23.7%	50.0%	13.2%	7.9%	100.0%
		整體的 %	0.3%	1.4%	3.0%	0.8%	0.5%	6.1%
	楊	個數	0	8	21	6	2	37

請問您認為宗親會對於「鄉鎮民代表」選舉有沒有影響力？			完全沒有影響力	不太有影響力	有些影響力	非常有影響力	不知道或不一定	總和
		在 姓氏 之內的	0.0%	21.6%	56.8%	16.2%	5.4%	100.0%
		整體的 %	0.0%	1.3%	3.4%	1.0%	0.3%	5.9%
		個數	1	5	10	5	5	26
	蔡	在 姓氏 之內的	3.8%	19.2%	38.5%	19.2%	19.2%	100.0%
		整體的 %	0.2%	0.8%	1.6%	0.8%	0.8%	4.2%
		個數	1	3	15	10	8	37
	林	在 姓氏 之內的	2.7%	8.1%	40.5%	27.0%	21.6%	100.0%
		整體的 %	0.2%	0.5%	2.4%	1.6%	1.3%	5.9%
		個數	3	3	5	7	4	22
	王	在 姓氏 之內的	13.6%	13.6%	22.7%	31.8%	18.2%	100.0%
		整體的 %	0.5%	0.5%	0.8%	1.1%	0.6%	3.5%
		個數	2	6	13	8	4	33
	張	在 姓氏 之內的	6.1%	18.2%	39.4%	24.2%	12.1%	100.0%
		整體的 %	0.3%	1.0%	2.1%	1.3%	0.6%	5.3%

請問您認為宗親會對於「鄉鎮民代表」選舉有沒有影響力？			完全沒有影響力	不太有影響力	有些影響力	非常有影響力	不知道或不一定	總和
吳		個數	0	6	8	3	7	24
		在姓氏之內的	0.0%	25.0%	33.3%	12.5%	29.2%	100.0%
		整體的 %	0.0%	1.0%	1.3%	0.5%	1.1%	3.9%
其他		個數	15	32	92	58	29	226
		在姓氏之內的	6.6%	14.2%	40.7%	25.7%	12.8%	100.0%
		整體的 %	2.4%	5.1%	14.8%	9.3%	4.7%	36.3%
總和		個數	38	106	255	142	82	623
		在姓氏之內的	6.1%	17.0%	40.9%	22.8%	13.2%	100.0%
		整體的 %	6.1%	17.0%	40.9%	22.8%	13.2%	100.0%

資料來源：本研究自行繪製。

表 5-3-20　姓氏*宗親會對於村里長選舉影響力交叉表

請問您認為宗親會對於「村里長」選舉有沒有影響力？			完全沒有影響力	不太有影響力	有些影響力	非常有影響力	不知道或不一定	總和
姓氏	陳	個數	6	15	30	13	11	75
		在姓氏之內的	8.0%	20.0%	40.0%	17.3%	14.7%	100.0%

請問您認為宗親會對於「村里長」選舉有沒有影響力？						
		完全沒有影響力	不太有影響力	有些影響力	非常有影響力	不知道或不一定	總和
	整體的 %	1.0%	2.4%	4.8%	2.1%	1.8%	12.0%
李	個數	3	10	21	20	3	57
	在 姓氏 之 內的	5.3%	17.5%	36.8%	35.1%	5.3%	100.0%
	整體的 %	0.5%	1.6%	3.4%	3.2%	0.5%	9.1%
黃	個數	4	6	17	17	4	48
	在 姓氏 之 內的	8.3%	12.5%	35.4%	35.4%	8.3%	100.0%
	整體的 %	0.6%	1.0%	2.7%	2.7%	0.6%	7.7%
許	個數	2	9	15	8	4	38
	在 姓氏 之 內的	5.3%	23.7%	39.5%	21.1%	10.5%	100.0%
	整體的 %	0.3%	1.4%	2.4%	1.3%	0.6%	6.1%
楊	個數	2	3	16	14	2	37
	在 姓氏 之 內的	5.4%	8.1%	43.2%	37.8%	5.4%	100.0%
	整體的 %	0.3%	0.5%	2.6%	2.2%	0.3%	5.9%
蔡	個數	2	6	10	3	5	26

請問您認為宗親會對於「村里長」選舉有沒有影響力？						
		完全沒有影響力	不太有影響力	有些影響力	非常有影響力	不知道或不一定	總和
	在姓氏之內的	7.7%	23.1%	38.5%	11.5%	19.2%	100.0%
	整體的 %	0.3%	1.0%	1.6%	0.5%	0.8%	4.2%
林	個數	1	5	15	9	7	37
	在姓氏之內的	2.7%	13.5%	40.5%	24.3%	18.9%	100.0%
	整體的 %	0.2%	0.8%	2.4%	1.4%	1.1%	5.9%
王	個數	3	4	2	9	4	22
	在姓氏之內的	13.6%	18.2%	9.1%	40.9%	18.2%	100.0%
	整體的 %	0.5%	0.6%	0.3%	1.4%	0.6%	3.5%
張	個數	1	5	12	10	5	33
	在姓氏之內的	3.0%	15.2%	36.4%	30.3%	15.2%	100.0%
	整體的 %	0.2%	0.8%	1.9%	1.6%	0.8%	5.3%
吳	個數	1	6	6	4	7	24
	在姓氏之內的	4.2%	25.0%	25.0%	16.7%	29.2%	100.0%
	整體的 %	0.2%	1.0%	1.0%	0.6%	1.1%	3.9%

請問您認為宗親會對於「村里長」選舉有沒有影響力？							
			完全沒有影響力	不太有影響力	有些影響力	非常有影響力	不知道或不一定	總和
其他	在姓氏之內的	個數	18	25	83	73	27	226
			8.0%	11.1%	36.7%	32.3%	11.9%	100.0%
	整體的 %		2.9%	4.0%	13.3%	11.7%	4.3%	36.3%
總和		個數	43	94	227	180	79	623
	在姓氏之內的		6.9%	15.1%	36.4%	28.9%	12.7%	100.0%
	整體的 %		6.9%	15.1%	36.4%	28.9%	12.7%	100.0%

資料來源：本研究自行繪製。

伍、本節結論

　　自深度訪談及出口問卷調查中能夠瞭解宗親會對於金門地方選舉的影響甚鉅。而其主要原因是金門位處外島地區，金門在地人往往圍繞在血親、姻親、遠親等的親疏遠近的氛圍下生活，彼此熟稔程度更勝我們在臺灣遇到的人際網絡，一但遇到民主選舉的過程，六親九族都會是被拉攏的對象，宗親政治的箇中趣味也正在此。金門島上有許多的單姓聚落，也幾乎都有設置村里長，如湖下楊、料羅謝、成功陳等，只要該大姓不願意將村里長拱手讓人，小姓就幾乎不可能在該聚落佔有一席之地，這也是宗親政治的頑固性之所在，這也就是「大姓出頭天，小姓奈何天」緣由所在，小至村里，大至全縣皆是如此。

　　本節透過深度訪談與出口問卷調查，從中定位宗親會在政黨、選舉的關聯性，及在 2018 年金門五合一選舉中，宗親會在各層選舉的影響力大小，藉以分析宗親會在金門政治環境中所扮演的角色，而本節得到之結論有以下三點：

一、陳氏宗親的推舉機制，未來可能會在其他宗親遍地開花

透過本研究深度訪談以及資料蒐集得知，現階段金門的各宗親會在推舉候選人以及選舉動員過程中，最具有其規模與制度的以陳氏宗親會為主。陳氏從 2004 年開始，則制定陳氏宗親會輔選該宗子弟參政實施辦法，不但有助於宗族間凝聚共識推舉候選人，更重要的是推舉之人選，往往相較於其他姓氏的候選人更有機會能競選而上，進而光宗耀祖、榮耀鄉里。

在 2018 年的選舉中在深度訪談的資料當中，有不少非陳氏候選人表達了自身宗親會也應該建立如同陳氏宗親會的參政機制，讓宗族子弟能夠先得到自己宗族的基本盤選票與認同後，將會更有利於打贏選戰。雖然，在 2018 年陳氏宗親會內部在推舉縣長候選人過程中，有被人質疑因人更改選舉辦法且黑箱作業一事。表示此宗親會在選補制度上的瑕疵，若有心人士如期操控了宗親會幹部少數人的意見，以宗親會之名壓迫其他有意參選的候選人，則淪為寡頭鐵律的現象，此時的宗親會則非一個具有公正力的平台，反而成為了其他人公平競選的阻礙。因此，宗親會在甄選人才競逐的功能上，亦必須符合民主公平公正的選舉辦法，才能夠真實的將族內團結一心，並發揮其甄選政治菁英的功能。

二、宗親會互動熱絡程度，是宗親會得以影響政治的關鍵

透過本次問卷民調的結果，表 5-3-2、表 5-3-3 可以發現，40～49 歲以下的民眾，對宗親會活動和參與宗親會事務顯然沒有太大興趣，才會有將近七成的人沒有投入宗親會。但隨著年紀增長，世代交替的情況之下，40～49 歲不得不扛起延續宗親運作的重責大任，也正因為扛下了責任，才會去深入瞭解並產生歸屬感。此歸屬感可以從表 5-3-2 中，年齡分布從 20 歲到 60 歲以上的年齡層間，每一個年齡層的對於宗族中誰有參與公共事務也才會有一定瞭解，倘若此人又有志於公職選舉，宗親會就是一個很好拉攏的平台，所謂的基本盤就是這樣來的，因此梯隊接班除了傳承，在無形中也讓宗親會的認同與歸屬感，轉為選舉時支持宗親的一股強大力量。

三、宗親會沒有瓦解的可能，但其政治影響力的逐漸消退是可能的

宗親會本身存在的目是為聯繫宗族情感與祭祖的社團組織，只要血源親屬

在金門，宗親會就沒有瓦解的可能。而在民主政治尚未成熟的金門，宗親會確實是很好動員與爭取支持的群體，也因為金門政治人物的緣故，將宗親會抬升至政治舞台上面，成為一股爭相拉攏的力量，若今天金門沒有選舉制度，宗親會在政治舞台的力量，可能就沒有如此強烈。就許多訪談資料所示，隨著金門移居人口的漸漸增加和資訊發達後，金門政治環境還是要回到政黨政治的架構下，屆時宗親會就會逐漸淡出政治環境，回到原先聯繫族人情感的平台。最後本研究認為，宗親會在政治上的影響力，仍會持續一段時間，直到政治甄補與政黨政治的成熟為止。

第六章　結論

第一節　研究發現

壹、金門宗親會的凝聚力並無下降之趨勢

隨著時代進步，生活型態逐漸變遷導致社會結構的轉變，人們之間的互動漸少，此現象各地可見，在相對傳統的金門亦是如此。大多金門年輕人出外打拚，自然而然與宗親會的情感連結逐漸薄弱，直到回到家鄉接手宗親事務才會有所連結。然而，人際關係的疏離會導致金門宗親會的凝聚力下降。但是，倘若宗親會有週期性活動的辦理與運作，來凝聚宗族內的情感，這會使宗親會的凝聚力有所上升。整體而言，宗親會並不會隨社會變遷而逐漸瓦解，不僅是因為血脈相連，更是因為宗親會有制度性的運作與經營，才能將其繼續傳承到下一代。

貳、宗親之間結盟是因為特定候選人之間交情，並非地緣關係導致

宗親之間的結盟無非是想發揮加乘效果，而這樣的例子在金門屢見不鮮，譬如過去的李炷烽和吳成典、陳水在與蔡是民皆是如此。但這樣的結盟與宗親本身並沒有很大的關聯性，更進一步的說：「宗親之間本身並不存在結盟關係。」所謂宗親結盟的基礎是建立在候選人身上，由候選人本身的人際網絡中，尋找一位較有威望的地方人士，且正好是某一個宗親的靈魂人物，候選人透過利益的交換拉攏此人後，此人會連帶將自己的宗親勢力與候選人本身勢力結合，使該候選人順利贏得選戰，未來政府資源就能雨露均霑。由上述內容可知，外界時常說的陳蔡一家或李楊一家，其實都是候選人本身的結盟，但外界的過度解讀，讓許多人都認為宗親之間都有一定程度的結盟，其實不然。

參、縣長與鄉鎮長之選舉可明顯看出有宗親力量競逐的情況

　　鄉鎮長受宗親勢力的牽制甚深，金門的主要五個鄉鎮可明顯看出為宗親對決的型態。鄉鎮長往往是地區具代表性的大姓出任，地域性會比縣長更為強烈。而以這次 2018 年鄉鎮長選舉來看，除林長鴻為小金門人參選金湖鎮長外，大多是被宗親會所支持所推舉出的候選人。如金城鎮長候選人李誠智為金城李氏、許燕輝為后浦許氏、歐陽彥木為歐厝歐陽氏。金寧鄉長候選人陳成泉是四埔陳氏、李正騰是古寧頭李氏、楊忠俊是湖下楊氏。金湖鎮長候選人陳文顧為新湖陳氏。金沙鎮長候選人王石堆是汶沙王氏、吳有家是大洋吳氏。烈嶼鄉長候選人洪若珊為上林洪氏、林金量為東林林氏，放眼各都是宗親對決的競逐，而宗親是候選人的基本盤，沒有宗親的奧援要勝選會相當困難，鄉鎮長也是宗親政治的頑固性最佳印證。

肆、鄉鎮長與村里長選舉可明顯看出宗親的力量大於政黨

　　金門縣泛藍選票結構高達 9 成以上，是綠營相當難以越雷池一步的鐵票區，金門縣長 1993 年至 2009 年的皆為泛藍人士當選，而在今（2018）年選舉大環境的因素，民進黨政府執政包袱等，各縣市長選舉幾乎皆由藍營翻轉。金門縣第七屆縣長由國民黨籍楊鎮浯當選以 801 票打敗尋求連任無黨籍縣長陳福海，在激烈選戰中楊鎮浯將與陳福海的選戰推向「藍綠對決」，但由於金門民進黨的勢力非常微弱，因此，政黨的屬性影響選民在縣長層級的投票行為極小。

　　本研究認為楊鎮浯之所以能夠戰勝鞏固宗親基本盤的陳福海，原因在於陳福海在任期內有許多爭議的施政醜聞，因而造成縣民對於現況的不滿，亟欲改變現況，而將選票投給楊鎮浯。除了候選人本身因素外，宗親會為本研究主要探討影響選舉結果因素，本屆雖看似突破過去金門過去陳李對決的宗親政治，但透過深度訪談以及票櫃分析法對宗親因素的分析結果顯示，在本次選舉中，不僅是陳福海或是楊鎮浯皆具有其支持的宗親會為基本盤，進而在最後選戰以 801 票差距為勝負，可見各方宗親會勢力都較上一屆來的凝聚。

伍、金門宗親會對縣長選舉的影響力式微

　　根據問卷調查顯示，超過半數的金門縣民眾大多認為宗親對金門各層級選舉具有一定程度的影響力。而依據本研究結果推論，宗親的確對地方選舉造成影響力，但其對縣長選舉影響程度卻逐年下降。本研究透過票櫃分析法發現，各候選人宗親地盤的支持率逐年下降，本研究分析過後推論認為是因為大環境的驅使下，大量外來人口進入金門，沖淡金門在地人口的基數，如此一來，使得宗親會的影響範圍有限，難以干涉金門外來人口投票行為，不受宗親的連結所牽制，能以較為客觀的思維做出選擇。總而言之，本研究認為宗親的在選舉中的影響力較無之前強烈，且有持續式微之趨勢。

第二節　研究限制與建議

　　本研究雖戮力追求嚴謹，但在千頭萬緒之際，有許多研究變項未能周延深思。因此仍有研究未及之處，亦即研究上的侷限。

壹、研究出口問卷調查方面

一、女性的樣本數不符合金門縣選民之結構，本研究進行做出口問卷調查時，女性的拒訪率相比於男生較高。主要原因可能為金門宗親會的參與成員大多為男性，女性對宗親事務的接觸與認知，比男生來的少的原因。在樣本數的蒐集上，年齡 40～49 歲的樣本數，相較於其他年齡層少了許多，以至於在數據分析時未能相當精確。

二、金門共有 78 處投開票所，本研究忽略烏坵鄉兩處投開票所不計，因烏坵嶼雖屬金門縣管轄，但兩地間沒有直接通航，交通十分不便，考量時間成本後未能前往。

三、問卷選項中，未來可針對金門移居人口及旅臺鄉親單獨列出選項，約略影響了問卷調查的精確性。

貳、對選舉影響力方面

　　在討論宗親會對選舉的影響力時，排除了金門選舉賄賂的行為，因為金錢的誘惑力往往會讓一部份的人，做出利益的選擇。每次選舉會返鄉投票的旅臺鄉親，以及從大陸返金的臺商，這些人是金門選舉中，決戰境外的組成因子之一，這部分本研究心餘力絀。

　　上述皆為本研究限制之所在，本研究亦竭力蒐集相關資料與素材，卻仍有擔心力有未逮，本研究上述的不足，只能讓後續研究者來補充與發揮。

參考文獻

一、中文文獻

中華民國國家公園學會（2009），**傳統聚落的形成發展**，金門：金門國家公園管理處。

中華民國國家公園學會（2010），**金門宗族組織與地方信仰**，金門：金門國家公園管理處。

內政部戶政司（2018），**全國姓名統計分析**，臺北：內政部。

王宏忠、楊凌竹、吳建忠（2016）。臺灣民眾之地方派系評價及其政治影響─以 2014 年直轄市選舉為例。**臺灣民主季刊**。13（2），93-133。

王金壽（2004）。瓦解中的地方派系:以屏東為例。**台灣社會學，7**，177-207。

王金壽（2006）。台灣的司法獨立改革與國民黨是從主義崩潰。**台灣政治學刊，1（10）**，頁 103-162。

王金壽（2007）。政治市場開放與地方派系的瓦解。**選舉評論，14（2）**。25-51。

王振漢（2005）。**宗族因素對金門縣選民投票行為之影響：以第一到第四屆金門縣長選舉為例**。台北：銘傳大學公共事務學系在職專班學位論文。

王振漢（2007）。宗族因素對金門縣選民投票行為之影響：以第一至第四屆金門縣長選舉為例。銘傳大學碩士論文。

王振寰（1996）。**誰統治台灣？轉型中的國家機器與權力結構**。台北：巨流圖書公司。

王泰俐（2013）。《「臉書選舉」？2012 台灣總統大選社群媒體對政治參與行為的影響》。**東吳政治學報**，第三十一卷第一期，P1-52。

王國臣、吳重禮（2016）。《選制改革對於投票穩定與變遷的影響：臺灣五次立委選舉的實證分析》。選舉研究，第二十三卷第一期，P63-105。

王御風（2016）。**台灣選舉史【彩圖版】**。台灣：好讀出版社。

王業立（1998）。選舉、民主化與地方派系。**選舉研究，5（1）**，頁77-94。

王業立、蔡春木（2004）。從對立到共治：臺中縣地方派系之轉變。**政治科學論叢，21**，189-215。

王鼎銘（2004）。選民為什麼會支持黑金？一個理性交易的解釋。**選舉研究**，11卷一期，P99-126。

王滬寧（1992）。**當代中國村落家族文化**。上海：人民出版社。

王靜儀（2012），**戰後臺中縣的地方派系與縣政發展**。臺北：稻鄉出版社。

任羽中（2005）。台灣地區基層民主選舉中的『黑金政治』。二十一世紀，網絡版第三十七期。香港中文大學。

朱浤源（1999）。**撰寫博碩士論文實戰手冊**。台北：正中書局。

朱雲漢、陳明通（1992）。區域性聯合獨占經濟、地方派系與台灣省議員選舉：一項省議員候選人背景分析。**人文及社會科學集刊，2（1）**，頁77-97。

何思因（1994）。台灣地區選民政黨偏好的變遷：1989-1992，選舉研究，一卷一期：39-52。

吳乃德（1999）。家庭社會化和意識形態：台灣選民政黨認同的世代差異，台灣社會學研究，第3期，頁53-85。

吳由美（2003）。都市化、地方派系與選舉──第五屆新竹縣立法委員選舉之實證分析。**中國地方自治**，56（2）：20-44。

吳芳銘（1996）。**地方派系的結盟與分化變遷之研究：以嘉義縣和高雄縣為例**。國立中正大學政治學系碩士論文。

吳重禮、許文賓（2003）。誰是政黨認同者與獨立選民？以2001年台灣地區選民政黨認同的決定因素為例，政治科學論叢，第18期，頁101-40。

吳重禮、黃紀（2000）。雲嘉南地區賄選案件判決的政治因素分析：「層狀勝算對數模型」之運用。《選舉研究》，第七卷第一期，P87-113。

吳培暉（1996）。**金門聚落風情**。金門：金門縣政府。

吳親恩（2012）。立法委員選舉的賄選誘因與效果－從SNTV到FPTP。臺灣民主季刊，第九卷第一期，P41-80。

呂成發（2004）。**金門縣選民投票行為之研究－2004 年總統選舉個案分析**。台
　　北：銘傳大學社會科學院國家發展與兩岸關係碩士在職專班碩士論文。

呂怡艷、李能慧、陳建民（2005）。金門地區選民投票行為之研究－從總統、
　　立法委員和縣長的選舉結果分析。**國立金門技術學院學報，1**，頁 103-127。

宋怡明（2011）。金門在前線：1949 年以來地域政治、兩岸關係和地方社會。
　　福建省金馬歷史回顧與展望研討會論文集，P1-14。

李木隆（2004 年 11 月 10 日）。金門向來是陳李爭天下。**聯合報**，A4 版。

李木隆、張錦弘（2009 年 11 月 29 日）。金門選舉暴力？陳水在、李沃士相互
　　指控。**聯合報**，B1 版。

李仕德（2009）。金門縣志：卷首，金門：金門縣政府，頁 154-156。

李彥憲（2006）。地方派系對地方選舉影響之研究－以中和市第六、七屆市長
　　為例。國立臺灣師範大學。碩士論文。

李映霖（2013）。地方政治生態與選區服務：第七屆立委選舉的多層次分析。
　　國立台灣大學。碩士論文。

李海鴒（2008）。**2006 年台北市長選舉選民投票抉擇因素之研究**。國立中山大
　　學政治研究所碩士在職專班碩士論文。

李錫回（2001）。**敬恭桑梓 飛躍十年:金門解嚴後縣政重大施政紀要**。金門：
　　金門縣政府出版。

李錫祥（1997）。**金門地區血緣聚落的社會空間組織**。台北：國立台灣師範大
　　學地理學系碩士論文

沈廷諭、王業立（2006）。「宗親政治」之初探。「**2006 年臺灣政治學會年會
　　暨『再訪民主：理論、制度與經驗』學術研討會」**發表之論文，臺北大學。

周偉航（2015）。**選舉，不是你想的那樣！：人渣文本的 48 堂公民實戰課**。台
　　灣：台灣商務出版社

林明樺（2014）。**買來的政權：台灣選舉文化觀察**。台灣：草根出版社。

林政緯（2004）。**政黨、派系與選舉關係之研究—台中市長、市議員及立法委
　　員選舉之分析**。台北：國立政治大學中山人文社會科學研究所碩士論文。

林政緯（2011）。**台灣農會、派系與地方選舉之關係：以新北市為例**。台北：
　　國立政治大學國家發展研究所博士論文。

林政緯（2016）。**金門民主化的進程：五合一選舉與組織動員**。台灣：致知學
　　術出版社。

林政緯、陳慧菁（2016），2014 年金門地方選舉組織動員及選舉因素分析:以
　　第六屆縣長選舉為例，中國地方自治，69（10），頁 33-48。

林政緯、陳慧菁（2016）。2014 年金門地方選舉組織動員及選舉因素分析:以
　　第六屆縣長選舉為例。「**2016 客家與臺灣發展學術研討會**」發表之論文，
　　國立臺灣大學社會科學院新大樓。

林政緯、陳慧菁（2016）。2014 年金門地方選舉組織動員及選舉因素分析：以
　　第六屆縣長選舉為例。**中國地方自治，69（10）**，33-48。

林淑惠、黃韞臻、林佳筠（2009）。《探究臺灣大學生心中理想的國家領導人：
　　以中部七所大學學生為例》。臺中教育大學學報：人文藝術類，第二十三
　　卷第一期，P129-149。

林荷曦（2008）。M 型社會中的投票行為-探討台灣 2008 年第七屆立委選舉結
　　果的呈現。**行政室訊，24**。

林濟（1995）。農村宗族問題的歷史考察與現實思考。**華中師範大學學報，4**，
　　113-118。

邱明斌（2013）。**影響 2010 年台中市市長暨議員選舉之選民投票抉擇因素**。國
　　立中興大學國家政策與公共事務研究所碩士學位論文。

金門縣立社會教育館（1992）。**金門縣志**。金門：金門縣政府印行。

侯瑞琪（1998）。從宗法制度看臺灣漢人宗族社會。**國立臺灣師範大學國文研
　　究所集刊**，443-463。

姜林青（2003）。台灣選民的議題投票行為－空間理論的探析。國立中山大學。
　　碩士論文。

姜貞吟(2016)。桃竹苗客家地區宗親政治下的女性參政。**婦研縱橫，104**，19-30。

施威全（1996）。**地方派系**。台北：揚智文化。

孫本初（2005）。如何寫好一篇優質的碩博士論文。「撰寫碩博士論文與投稿學術期刊」。

孫銘鴻、吳重禮（2012）。政治因素對於賄選訴訟案件的可能影響：司法專業人士的觀點分析。台灣政治學刊，第六卷第十六之一期，P119-187。

徐火炎（2002）。台灣政黨版圖的重劃：民進黨、國民黨與親民黨的『民基』比較，東吳政治學報，十四期：83-134。

徐火炎（2005）。《認知動員、文化動員與台灣2004年總統大選的選民投票行為－選舉動員類型的初步探討》。臺灣民主季刊，第二卷第四期。P31-66。

徐永明、林昌平(2012)。選舉地理如何影響臺灣縣市長候選人的當選機率：1989–2009。人文及社會科學集刊，第二十四卷第二期，P121-163。

徐永明、陳鴻章（2004）。地方派系與國民黨：衰退還是深化？。**台灣社會學**，8，頁193-228。

徐偉閔（2005）。**選舉與地方派系關係研究──新竹縣市的個案分析（2000-2005年）**。文化大學中山學術研究所碩士論文。未出版：臺北。

翁立紘（2015）。民主化的不確定性與地方派系的調適：臺灣地方派系研究的發展與展望。**民主與治理，2（2）**，67-82。

高永光（2000）。「城鄉差距」與「地方派系影響力」之研究─1998年台北縣縣議員與鄉鎮市長選舉的個案分析。**選舉研究**，7（1），53-85。

高永光（2001）。**2001年立委及縣市長大選後地方派系政治之變遷**。2002年台灣政經形勢與兩岸關係走向學術研討會論文。台北，中華歐亞基金會。

高永光（2001）。城鄉差距與地方派系影響力之研究─1998年台北縣縣議員與鄉鎮市長選舉的個案分析。**選舉研究，7（1）**，55-88。

高永光（2004）。台北縣地方派系與黑道互動模式之研究。**選舉研究**，11（1），33-72。

張火木（1996），金門古今戰史，金門縣政府，金門。

張世熒（2004）。社會關係取向對選民投票行為之影響：2001年金門縣長選舉個案研究。中國行政評論，第十三卷第四期，P143-175。

張世熒（2005）。**選舉研究—制度與行為途徑**。新北：新文京開發出版社股份有限公司。

張世熒（2008）。台灣公職人員選舉賄選現象之研究。中國行政評論，第十六卷第二期，P49-74。

張世熒、許金土（2004）。社會關係取向對選民投票行為之影響：2001 年金門縣長選舉個案研究。**中國行政評論，13（4），**143-175。

張佑宗、趙珮如（2006）。社會脈絡、個人網路與臺灣2004 年立法委員選舉選民的投票抉擇。**臺灣民主季刊，3（2），**1-38。

張昆山、黃政雄（1995）。**地方派系與台灣政治**。台北：聯經出版公司。

張秋絹（2012）。**選民地方派系認知與投票行為之研究—以 2010 年台中直轄市選舉為例**。台中：東海大學政治學系碩士論文。

張茂桂、陳俊傑（1986）。現代化、地方派系與地方選舉投票率之關係：自由派理論再檢討，**中國政治學會投票行為與選舉文化研討會論文集**。

張卿卿（2002）。《大學生的政治媒介認知、政治媒介行為與其政治效能與政治參與之間的關係》。選舉研究期刊，第九卷第二期，P37-63。

參與之間的關係選舉研究》。第九卷第二期，P37-63。

莊英章（1978）。台灣漢人宗族發展的研究評述。中華文化復興月刊，**11，**9-58。

許金土（2003）。**金門縣選民投票行為之研究-2001 年縣長及立委選舉個案分析**。台北：銘傳大學公共管理與社區發展研究所在職專班碩士論文。

許思（1996）。**選舉厚黑學**。台灣：派色文化出版社。

許福生（2000）。台灣地區組織犯罪防制策略之研究。桃園：中央警察大學學報，第三十六期。

郭俊偉（2010）。差序格局社會的政治獻金：華人文化制度下之行動者關係網絡。國立臺灣大學社會科學院國家發展研究所。博士論文。

陳水芳（2000）。金門縣地方自治的演進。**中國地方自治，54（4），**14-37。

陳弘義（2005）。**金門的投票行為研究**。台北：東吳大學政治學系碩士論文。

陳宏義（2005）。**金門的投票行為研究**。東吳大學政治學系碩士論文。未出版：

臺北。

陳其南（1990）。**家族與社會**。台北：聯經出版社。

陳延輝（2001）。從鄉土教育談三民主義的教學—以宗親組織為例。**人文及社會科學教學通訊，12（2）**，17-27。

陳明通（1995）。**派系政治與台灣地方政治變遷**。臺北：月旦出版社。

陳明通（1995）。**派系政治與台灣政治變遷**。台北：新自然主義股份有限公司。

陳明通、吳乃德（1993）。**政權轉移和精英流動：台灣地方政治精英的歷史形成**。台北：中央研究院人文社會科學研究所。

陳建民、李能慧、呂怡艷（2005）。《金門地區選民投票行為之研究—從總統、立法委員和縣長的選舉結果分析》。國立金門技術學院學報，第一期，P103-127。

陳盈君（2008）。《椿腳之現金買票行為研究》。台北：國立台北大學犯罪學研究所。碩士論文。

陳盈君（2008）。椿腳之現金買票行為研究。國立臺北大學。碩士論文。

陳進傳（1993）。**清代宜蘭家族的發展**。臺北文獻，103，87-137。

陳滄海、林瑞隆（2009）。第七屆立法委員選舉對臺灣立法政治生態之影響。臺北市立教育大學學報，第四十卷第一期，P29-54。

陳義彥、陳陸輝（2002）。《台灣大學生政治定向的持續與變遷》。東吳政治學報，第十八期，P1-39。

陳義彥主編（2010）。**政治學**。台北：五南圖書出版股份有限公司。

陳興國（2012）。金門地區宗親與選舉關係之探討。**人文學報**，37-57。

馮爾康（1997）。擬制血親與宗族。**中央研究院，68**，943-986。

黃文村（2007）。**台灣地方派系、黑道（組織幫派）與選舉之三角結構分析**。中國文化大學中山學術研究所博士論文。未出版：台北。

黃坤山（2011）。選舉制度、地方派系與政黨政治關係之研究。**嘉南學報，37**，638-651。

黃坤山、王俊傑（2010）。《大學生對立委新選制認知與投票行為之研究：以

南部地區某科技大學爲例》。嘉南學報第三十六期，P479-492。

黃國敏（2017）。地方政府與政治：政治版圖、政治景氣循環與選舉政見之研
究。台灣：致知學術出版社。

黃國鐘（1992）。賄選－台灣民主的夢魘。律師通訊，第一百五十八期，P10-14。

黃德福（1990）。選舉、地方派系與政治轉型—78 年底三項公職人員選舉之省
思。中山社會科學季刊，5（1），84-96。

楊舒偉（2010）。新竹縣客家族群選舉動員變遷之研究。東海大學政治學系碩
士論文。

葉立誠、葉至誠（2001）。研究方法與論文寫作。台北：商鼎文化出版社。

葉甫和（2003）。新竹市地方派系與選舉之研究。臺北：銘傳大學公共管理與
社區發展研究所碩士在職專班學位論文。

葉鈞培（1997）。金門姓氏分布研究。金門：金門縣政府。

詹碧霞（1999）。買票懺悔錄。台灣：商周出版社。

廖忠俊（1997）。台灣地方派系形成發展與質變。台北：允晨文化實業股份有
限公司。

廖慶六（2004）。金門家廟巡禮。台灣源流，29，頁 4-19。

趙永茂（1978）。台灣地方政治與地方建設的展望。高雄：德馨室出版社。

趙永茂（1997）。台灣地方選舉的變遷與特質。台北：翰蘆圖書公司。

趙永茂（1998）。台灣地方政治的變遷與特質。台北：翰蘆圖書。

趙永茂（2001）。新政黨政治形勢對台灣地方派系政治的衝擊—彰化縣與高雄
縣個案及一般變動趨勢分析。政治科學論叢，14，153-182。

趙永茂（2002）。台灣地方政治的變遷與特質。台北：翰蘆圖書出版有限公司。

趙無任（2015）。慈悲思路 兩岸出路：台灣選舉系列評論。台灣：天下文化出
版社。

劉佩怡（2001）。台灣發展經驗中的國家、地方派系、信用合作社的三角結構
分析。台北：國立政治大學中山人文社會科學研究所博士論文。

劉佩怡（2005）。臺灣的「宗親政治」形成的初探—以桃園縣為個案分析。人

文學報，29：19-36。

劉佩怡（2009）。宗族、宗親會與選舉動員。**選舉評論，6**，77-90。

劉佩怡（2016）。金門宗族（宗親）政治參與與政治影響力分析。「**2016客家與臺灣發展學術研討會」發表之論文**，國立臺灣大學社會科學院新大樓。

劉宜長（2001）。**金門李、蔡、陳宗祠之探討**。台北：中國文化大學史學系碩士論文。

劉明峰（2017）。民主轉型及其間對土地之情感模式的變化：BOT案的爭議及其在2014年之金門縣長選舉中的角色。社會科學論叢，11（2），117-172。

潘淑滿（2003）。**質性研究理論與應用**。台北：心理出版社。

蔡明惠（1997）。地方派系的選舉運作及其角色功能。澎專學報，101-124。

蔡明惠（1998）。**台灣鄉鎮派系與政治變遷**。臺北：洪葉文化。

蔡明惠（2002）。戰後澎湖地方派系興衰之研究。**選舉研究，9**，113-136。

鄭明懷（2009）。成功與失敗：賄選的兩種結果——兼談村委會選舉中的賄選。河北理工大學學報，社會科學版，P33-36。

蕭新煌、黃世明（2001）。**臺灣客家族群史——政治篇**。南投：省文獻會。

錢杭（2011）。**宗族的傳統建構與現代轉型**。上海：上海人民出版社。

羅聰欽（2002）。《選舉買票與資金回收--以公共工程為例》。世新大學行政管理學系。碩士論文。

羅聰欽（2002）。選舉買票與資金回收－以公共工程為例。世新大學。碩士論文。

二、英文文獻

Adrian C. Mayer

　　1977，*The significance of quasi-groups in the study of complex societies*，
The social anthropology of complex societies

Andrew Heywood

2000，*Key Concepts in Politics*，Basingstoke

Alex Inkeles, George G. Simpson, Ralph W. Gerard and Ward H. Goodenough

1961，*Comments on Cultural Evolution*，Daedalus Vol. 90 No. 3，MIT press

Angus Campbell, Donald Stokes, Philip Converse, and Warren Miller

1960，*The American Voter*，University of Michigan Survey Research Center

Bernard Berelson, Hazel Gaudet , and Paul Felix Lazarsfeld

1944，*The People's Choice*，Columbia University Press

Bernard Berelson, Paul Felix Lazarsfeld, and William N. Mcphee

1954，*Voting: A Study of Opinion Formation in a Presidential Campaign*，University of Chicago Press

Bruce Jacobs

1980，*Local Politics in a Rural Chinese Cultural Setting：A Field Study of Mazu Township*，Taiwan Contemporary China Center, Australian National University press

Chao,Yung-mao

1989 "Local Politics on Taiwan:Continuity and Change,"in Denis F.Simon & Michael Y.M.Kao,ed.Taiwan Beyond the Economic Miracle , New York:M. E. sharpe.

Charles Edward Merriam & Harold F Gosnell

1924，*Non-Voting, Causes and Methods of Control*，Chicago, Ill.：The University of Chicago press

Downs Anthony

1957，*An Economic Theory of Political Action in a Democracy*，The University of Chicago Press

Freedman, M.

1966，　Chinese lineage and society. New York：Humanities Press.

Giddens, A.

1985. The nation state and violence. Cambridge: Polity.

Jeffrey Bruce Jacobs

1976，*Local politics in rural Taiwan:a field study of Kuan-Hsi, face and faction in Matsu Township*，Columbia University

Lucian W. Pye

1981，*The Dynamics of Chinese Politics*，Oelgeschlager,Gunn & Hain Inc

Mayer N. Zald

1977，*Resource Mobilization and Social Movements:A Partial Theory*，American Journal of Sociology

Shelley Elizabeth Rigger

1994，*Machine Politics in the New Taiwan：Institutional Reform and Electoral Strategy in the Republic of China on Taiwan*，Harvard University

Wang, Chin-Shou

2004，*Democratization and the Breakdown of Clientelism in Taiwan, 1987-2001*，Ph.D. Dissertation, Department of Sociology, University of North Carolina, Chapel Hill

Maurice Freedman

1971，*Chinese lineage and society: Fukien and Kwangtung, London School of Economics & Political Science Monographs on Social Anthropology, no.33*，Athlone Press

附　錄

附錄一　金門縣縣長候選人選舉公報

第七屆金門縣縣長政見一覽表

選區	號次	姓名	政　見
金門縣	1	楊鎮浯	●找回價值： 一、廉能政府： 1. 打造開放政府，透明政府採購過程 2. 成立廉政委員會 3. 推動參與式預算 4. 重振財政紀律 5. 簽訂金門日報編輯室公約 6. 鼓勵公職人員進修考取證照 二、土地安居： 1. 改善聚落中、小型公共閒置空間 2. 訂定防災自治條例，推動老舊城區整建 3. 盤點閒置公共設施與道路，盡速還地於民 4. 完善國土計畫 5. 協助新住民融入在地生活 6. 建立政府公共服務簡訊及通訊軟體通知系統 三、教育文化： 1. 盤點、善用文化資產，並引入公民參與

選區	號次	姓名	政　見
			2. 推動青、新、文創發展
			3. 厚植人文教育，落實全人養成
			四、永續環保：
			盤點並合理利用海洋資源、成立動植物保育平台、保護脆弱自然環境，促進永續發展及世代正義
			●開創新局：
			五、產經繁榮：
			1. 發展馬山休閒遊憩港
			2. 打造烈嶼遊艇碼頭
			3. 建構金門為兩岸物流中心
			4. 成立港務公司
			5. 爭取台金高速客輪
			6. 推動電纜地下化
			7. 結合戰地史蹟、低碳生態、閩南文化與水上遊憩，發展多樣深度觀光
			8. 強化金門大學觀光建教合作、金門農工增設觀光科
			9. 推廣電子支付，發展電子商務
			10. 輔導在地商家利用金門優勢轉型繁榮
			六、醫療照護：
			1. 提升醫護人力、待遇及生活品質
			2. 建立暢通透明醫療轉診制度
			3. 補助孕婦、長者、行動不便者就醫交通費用
			4. 補足長照體系人力與各級設施
			5. 擴增大同之家與增設榮民之家
			6. 提升醫護人力與其待遇

選區	號次	姓名	政　見
			七、金酒行銷篇：
			1. 公平透明的人員進用、考績及升遷制度
			2. 杜絕政治力干擾，讓行銷回歸專業
			八、警政消防篇：
			1. 盡速補足警消人力缺口
			2. 提高警消危險加給
			3. 加強取締酒駕、有酒駕前科者強制安裝酒精鎖
金門縣	2	洪志恒	洪志恒誓願當「洪青天」在總兵署衙門接受鼓鳴冤為人民主持公道。 一、大陸 6 千億人民幣白酒市場，「目標」：金酒市占率 1%＝60 億人民幣＝300 億台幣。金門縣長洪志恒方法【單純】，讓金門人人有【利純】，銷售當然超過 1%【金酒多賣 300 億台幣】，金門無所不能，選志恒【金門夢】一定成真！ 二、建設金門的【財源】在哪裡？ (一)　金酒多賣 300 億台幣方法單純。金門人人都可賣酒到大陸 1、每月一款創新設計、保證限量的好酒新上市 2、防偽 3、【定價】不二價（供不應求市場價越漲越高） 4、一次買入越多，按【量】回饋 5、【就近提貨】。中國總經銷應在重要城市設點【直營】方便【權利人】【就近提貨】 (二)　設「金門代中央還債建設金門基金」代理中央還債【抵】用【金酒公司每年上繳中央的 34 億】 (三)　用途：

選區	號次	姓名	政　見
			(1)有效改善金門醫療 (2)有效改善金門內外交通 (3)興建二分之一金嶝大橋（含周邊建設） 三、金門縣長洪志恒與胡璉將軍後代鼓勵兩岸青年來金門實現夢想 洪志恒當選金門縣長，金門將是東方明珠，是年輕人實現夢想的舞台。相信自己、相信奇蹟，沒有不可能的事！ (一)立業：金門協助你 (二)成家：金門照顧你 1、實質鼓勵年輕父母實施【零歲教育】 2、【外語能力】向下扎根 四、【零排碳自主發電】洪志恒上任金門縣長後，在議會召開公聽會，發明人發表磁動能發電、溫差發電。 經議會表決通過，則家家戶戶非營利用電【免費】！ 五、公開透明(媒體全程轉播)廣納賢才。凡 18 歲到 88 歲只要你敢上台發表高見，掌聲如雷，如你所願。
金門縣	3	汪承樺	跨宗親服務、金門新移民守護神：承先啟後 舉華以公 四通八達 兩岸民主共治 1.　交通發展：增建國際機場、開發國際航線，主要交通道路加裝監視器、保護老弱婦幼安全。 2.　宜居城市(再生能源 環境永續)：環境教育、生態永續，道路蓄水工法、擴建海水淨化廠。 　　「只租不售社會住宅」，住者有其屋、鰥寡孤

選區	號次	姓名	政　見
			獨殘疾者皆有所養，興建「金門榮民之家」。 3.　醫療平台(兩岸生化科技 大健康示範區)：推動兩岸醫療觀光、老人長照敬老院。在地醫療、完善設備與網羅兩岸醫護傑出人才，開放大陸人士自費施打優質安全疫苗、觀光健檢。 4.　司法平台(兩岸司法 扶助區)：西進台商返鄉、台商權益賦稅、兩岸法治交流與協助。 5.　世界遺產(兩岸影視 藝文特區)：共寫抗戰歷史真相、國家級抗戰勝利烈士陵園選址，『金門古寧頭戰役 和平牆』、兩蔣文化園區，戰地史蹟申遺，道德思想與人格教育重建。 6.　經濟提升(Uid 優 兩岸互聯網特區)：互聯網銷售特區，建立物流網軟體園區、研發基地。 7.　民主政治(兩岸民主憲政 示範區)：兩岸一家親、聯合國 壹國兩席，兩岸民間國事交流特區。 8.　新聞自由(兩岸文化傳播 交流區)：反仇恨犯罪、假新聞、網路智慧財產權保護，成立金門衛星電視(金門衛視)、「金門之音」全國聯網廣播電台。
金門縣	4	陳福海	政見主軸：幸福金門，躍升成真 施政目標：實現金門幸福願景，打造浯島美麗家園 五大願景：兩岸樞紐、優質樂活、文化富裕、生態永續、觀光休憩 十二大建設： 一、健全基礎建設：落實水、電、機場與港埠等基

選區	號次	姓名	政　見
			礎建設，強化都市更新機制，優化投資環境，增加就業機會，打造幸福 永續宜居城市。 二、厚植文化底蘊：用心維護史蹟文化，宏揚閩南、宗族、僑鄉、戰地特色，讓金門成為兩岸的文化基因庫。 三、發展全人教育：落實國教基礎建設，獎掖高等教育發展，開展多元學習管道，培育新世代全人競爭型人才。 四、營造有感醫療：推動國際醫療專區、獎勵養生產業發展，提升在醫療能量及品質，推進部立金門醫院改制北榮金門分院。 五、完善社會福利：福利不中斷，服務更全面；落實長照、樂齡、青壯、婦幼等全人照顧與支持體系。 六、落實生態保育：成立野生動物保護基金會，推進「水獺國家生態館」、野生動物救助基地，建立重大開發生態環境預審暨公聽會制度。 七、強化特色觀光：建立「以人為本」的特色友善旅遊環境，架構金廈旅遊共同服務網，增加在地旅遊產業鏈收益。 八、創新青年服務：強化「創意、創新、創業」三創平台，打造青創基地，串接兩岸青年工作服務介面及資源，做青年最堅強的後盾。 九、升級產業發展：打造金酒成為全球品牌，聚焦兩岸物流、跨境電商，設置地方產業園區，升級在地產業架構及競爭力。 十、建設智慧城市：推動建置全島智慧網路，營建

選區	號次	姓名	政　見
			智慧社區、落實智慧生活，讓金門成為與世界連結的科技型智慧島嶼。 十一、掌握兩岸樞紐：建構以金廈為樞紐的「和平經貿特區」，以金門為兩岸和平交流及經貿政策的先行試點。 十二、推進通電通橋：啟動通水、通電、通橋金門「新三通」時代，推進「金廈漳泉共同生活圈」，讓鄉親感受到反轉的改變、俱增的幸福、無比的驕傲及光榮感。
金門縣	5	謝宜璋	1. 四年 500 億經濟招商計劃。 2. 金酒自建行銷通路網；目標 1000 家自營店。 3. 推動青年 3000 人就業職訓與輔導。 4. 增加老人年金與醫療就養計劃。 5. 擴大閩南式古厝建築的補助。 6. 四年五鄉鎮社會福利平價國宅 3000 戶。 7. 推展一村一特色的產業輔導與投資。 8. 強化教育資源的垂直整合。 9. 設立青年養家失業保障機制。 10. 健全農林漁牧的精緻均衡發展。
金門縣	6	洪和成	1. 廣闢青年合宜住宅，實踐青年居住正義 2. 簡化提高失業補助金，實踐全民基本收入 3. 開闢沙美小三通第二碼頭，浯江輪渡公司加入營運 4. 爭取設立金門和平經貿特區 5. 小學、幼稚園提早半個小時放學，學校負責接送

附錄二　金門縣縣長候選人網路競選文宣

一、楊鎮浯

（一）政見篇

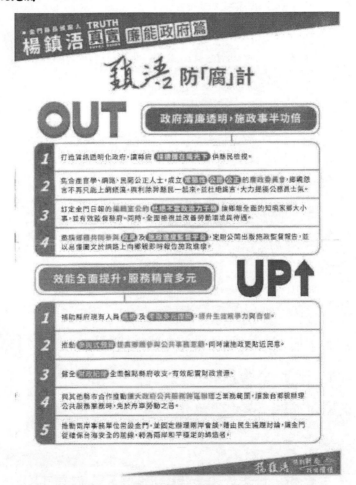

圖為金門縣縣長候選人楊鎮浯競選文宣 #1 廉能政府篇。

資料來源：楊鎮浯競選服務辦公室。

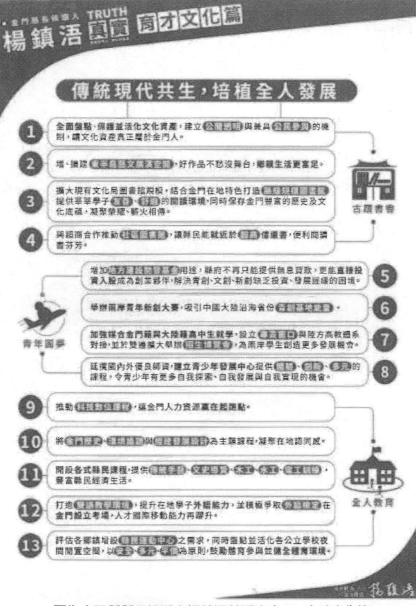

圖為金門縣縣長候選人楊鎮浯競選文宣 #2 育才文化篇。

資料來源：楊鎮浯競選服務辦公室。

圖為金門縣縣長候選人楊鎮浯競選文宣 #3 幸福長照篇。

資料來源：楊鎮浯競選服務辦公室。

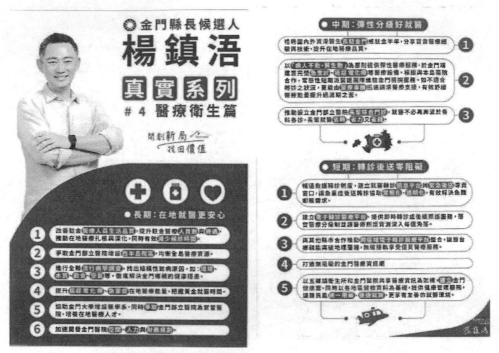

圖為金門縣縣長候選人楊鎮浯競選文宣 #4 醫療衛生篇。

資料來源：楊鎮浯競選服務辦公室。

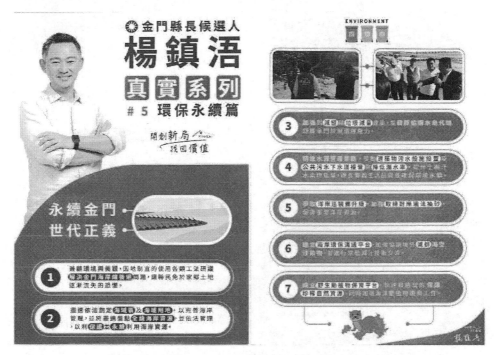

圖為金門縣縣長候選人楊鎮浯競選文宣#5 環保永續篇。

資料來源：楊鎮浯競選服務辦公室。

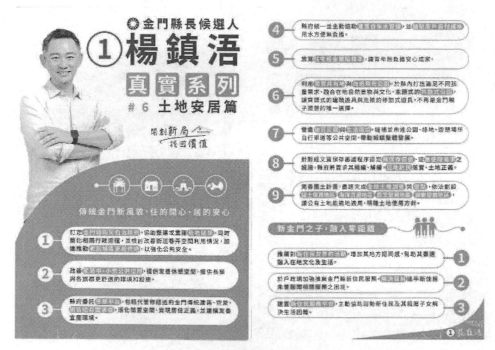

圖為金門縣縣長候選人楊鎮浯競選文宣 #6 土地安居篇。

資料來源：楊鎮浯競選服務辦公室。

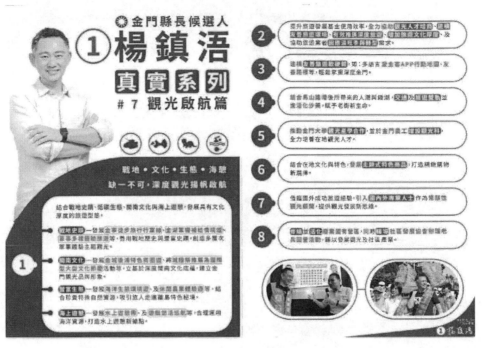

圖為金門縣縣長候選人楊鎮浯競選文宣 #7 觀光啟航篇。

資料來源：楊鎮浯競選服務辦公室。

圖為金門縣縣長候選人楊鎮浯競選文宣 #8 交通經建篇。

資料來源：楊鎮浯競選服務辦公室。

圖為金門縣縣長候選人楊鎮浯競選文宣 #9 產經勞動篇。

資料來源：楊鎮浯競選服務辦公室。

圖為金門縣縣長候選人楊鎮浯競選文宣 #10 金酒行銷篇。

資料來源：楊鎮浯競選服務辦公室。

圖為金門縣縣長候選人楊鎮浯競選文宣 #11 警政消防篇。

資料來源：楊鎮浯競選服務辦公室。

圖為金門縣縣長候選人楊鎮浯競選文宣。

資料來源：楊鎮浯競選服務辦公室。

鄉親服務

爭取加班機輸運返鄉鄉親
每逢佳節，服務團隊進駐台灣、金門機場協調加班機，並爭取軍機投入疏運，曾創下單機C-130單日最多32架次紀錄，將 鄉親疏運 工作作為首要目標。

協助各類服務案
鎮浯和服務團隊全力協助鄉親處理包含 健康診療處、交通疏運、土地等 在內各類型大小服務案件超過9000件。

對於國家大事的問政與監督，鎮浯永遠全力以赴，力抗黨產爭總統、反對污名化的軍公教年金改革、抗議勞基法修惡，鎮浯無役不與。

○ 兩岸關係　○ 婦幼權益　○ 婦女權益
○ 司法紀錄　○ 政府透明　○ 轉型正義
也一一提出見解與方向

政府行政

爭取補足警力編制與推動原籍返鄉政策
金門警力不足為一大問題。因此鎮浯爭取補齊金門警力編制，行政院最終同意挹補 40 名警力編制缺口，金門將會成為全國第一個警力滿編的縣市；並成功推動員警原籍返鄉政策，讓縣員警得以返鄉服務。

爭取料羅港消分隊
除了警察編制，消防也是重要議題，透過多次質詢與實地考察，內政部也同意新增料羅港消分隊，並承諾於109年4月以前補齊 15 名員額，後續5635萬相關經費即將到位，將於 化學消防車、救護車 等重要消防相關設置。

爭取國家考試設置離島考區輕降低
過去，公職國考考生生達八萬人才能增設離島考場，在鎮浯的爭取下，明年金門學子報考人數只要超過200人，就能單獨設立離島考場！

此外也要求國營事業在離島重啟建教合作

永續發展

爭取金大補助
教育、環保、文化是永續發展的重要基礎，因此鎮浯不斷爭取，今年度起金門大學補助款，增加 1 億 3 千萬元。

爭取海岸線防治
近年，金門海岸線侵蝕狀況十分嚴重，透過多次質詢、考察與會勘，目前已爭取到 10項計畫
未來至少投入7211萬元用於 海岸線防治

拒絕核廢料
針對核廢料儲存場，鎮浯提出法律修正案嚴正強烈拒絕 核廢料 來到金門。

金門文化資產
○ 雙乳山坑道 ○ 三獅山砲堡 ○ 山前復國墩 等文化資產遭破壞時，鎮浯都在第一時間開啟多次會勘，保護各界正視這樣的問題。

圖為金門縣縣長候選人楊鎮浯競選文宣。
資料來源：楊鎮浯競選服務辦公室。

（二）攻擊篇

圖為金門縣縣長候選人楊鎮浯競選文宣 鄉親都在問-為什麼把 1600 公斤高粱酒

麴偷運到東北試釀？

資料來源：楊鎮浯競選服務辦公室。

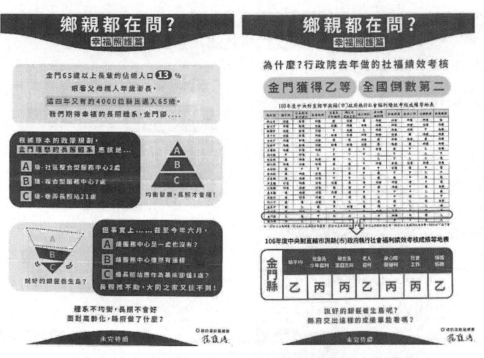

圖為金門縣縣長候選人楊鎮浯競選文宣 鄉親都在問-幸福長照篇。

資料來源：楊鎮浯競選服務辦公室。

揭露 掏空金門財政 幕後黑手

「售地拋祖產」

騙術一：歷任縣長賣較多筆地，陳福海縣長比較珍惜祖產？
事　實：過去縣府賣的是菁零地，是為了解決民生問題

陳福海縣長賣了近9000平方米的市港段精華商業區
掏空金門賣祖產

騙術二：賣地一切合理，並無瑕疵？
事　實：監察院審計部露餡↓

中華民國104年度
金門縣總決算審核報告
三、連帶審核意見
為努勵金融地區整體發展，鄉鎮市區區政府放款款土地徵集，供未納人辦捨
部賠，中審查業等請都款賣顯示土地縣稅收入預算，亟待檢討改善。

縣府賣了金湖精華土地，但不敷在預算書揭露
稱賣地是為了加速開發，卻沒有規劃開發期程
金門祖產可以先賣，金門發展卻要緩慢？

騙術三：賣地是為了經濟發展？
但為何縣府沒有限期開發？是誰放任精華區土地閒置三年？

鄉親真的這麼好騙？

※中國國民黨金門縣黨部 科子設

揭露 掏空金門財政 幕後黑手

「鄉親都在問，
為何陳縣長聘了一堆秘書！」

總 統 辦 公 室	3 名約聘秘書
行政院金馬聯合服務中心	0 名約聘秘書
歷任金門縣長辦公室大約僱用	5 名約聘秘書

陳福海縣長

竟聘有超過 24 名秘書！
（超越總統8倍的幕僚團隊）

請問陳福海縣長，您為何需要這麼多秘書？
你的公務比總統還繁忙？
酬庸？收編？為選舉？

※中國國民黨金門縣黨部 科子設

圖為金門縣縣長候選人楊鎮浯競選文宣 揭露掏空金門財政幕後黑手。

資料來源：中國國民黨金門縣黨部。

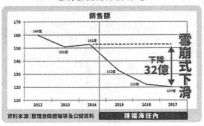

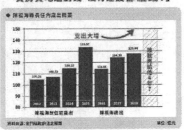

圖為金門縣縣長候選人楊鎮浯競選文宣　揭露掏空金門財政幕後黑手。

資料來源：中國國民黨金門縣黨部。

圖為金門縣縣長候選人楊鎮浯競選文宣 每天一問陳福海縣長。

資料來源：浯江報報。

圖為金門縣縣長候選人楊鎮浯競選文宣。

資料來源：浯江報報第 1 期。

圖為金門縣縣長候選人楊鎮浯競選文宣。

資料來源：浯江報報第 2 期。

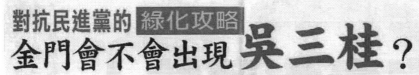

圖為金門縣縣長候選人楊鎮浯競選文宣。

資料來源：浯江報報第 2 期。

圖為金門縣縣長候選人楊鎮浯競選文宣。

資料來源：浯江報報第 3 期。

圖為金門縣縣長候選人楊鎮浯競選文宣。

資料來源：浯江報報第 4 期。

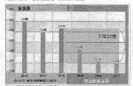

圖為金門縣縣長候選人楊鎮浯競選文宣。

資料來源：浯江報報第 5 期。

圖為金門縣縣長候選人楊鎮浯競選文宣。

資料來源：浯江報報第 6 期。

二、陳福海

教育施政方針

▶ **推動老舊校舍改建**
金湖、開瑄、中正、金鼎、安瀾、古城國小等，老舊校舍改建工程，提供更優質的教育環境。

▶ **推展國際教育**
選送200餘位中小學金門子弟，赴日本、新加坡、英國、澳洲…等，交流增進。

▶ **加強學校雙語特色教學**
補充外語教師人力，每校皆有外籍教學助理，並加強國中小學到國外交流學習，以培養外語能力及國際觀。

▶ **強化師資培育、特殊教育**

▶ **提升各校硬體教學設施建設**

金門縣
翻轉教學
國際教育

01 國際化
02 多元化
03 全域化

老師們~您辛苦了！
感恩有您，教師節快樂！
未來也讓我們繼續
一起為金門的教育努力。

福海

圖為金門縣縣長候選人陳福海競選文宣1。

資料來源：陳福海競選服務辦公室。

圖為金門縣縣長候選人陳福海競選文宣 2。

資料來源：陳福海競選服務辦公室。

圖為金門縣縣長候選人陳福海競選文宣 3。

資料來源：陳福海競選服務辦公室。

圖為金門縣縣長候選人陳福海競選文宣 4。

資料來源：陳福海競選服務辦公室。

圖為金門縣縣長候選人陳福海競選文宣 5。

資料來源：陳福海競選服務辦公室。

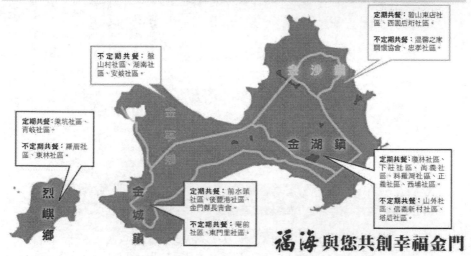

圖為金門縣縣長候選人陳福海競選文宣 6。

資料來源：陳福海競選服務辦公室。

圖為金門縣縣長候選人陳福海競選文宣 7。

資料來源：陳福海競選服務辦公室。

圖為金門縣縣長候選人陳福海競選文宣 8。

資料來源：陳福海競選服務辦公室。

圖為金門縣縣長候選人陳福海競選文宣 9。

資料來源：陳福海競選服務辦公室。

圖為金門縣縣長候選人陳福海競選文宣 10。

資料來源：陳福海競選服務辦公室。

早安幸福金門

活力金城
點亮城鎮之心－金門後浦魅力城市營造計畫
縣立體育場田徑跑道及周邊改善工程
1-1號計畫道路（水頭國門大道）

文化金沙
建縣百年－金磚文創發展計畫
風水金門‧夢土計畫
金門金鑽進士路網

風華烈嶼
新建金烈之星交通船
后麟射擊場園區整備
沙溪堡軍事據點活化
大二膽景點環境改造
烈嶼清遠湖水環境改善

魅力金湖
「瓊林蔡氏千年聚落風華再現」計畫
太湖水廠增設高級淨水處理設備
料羅灣823軍事園區建置計畫
建構0-2歲兒童社區公共托育

生態金寧
南北山聚落及雙鯉湖周邊環境景觀營造
安岐閩南建築專區開發計畫
后湖濱海公園周邊環境改善

4 勞必當選　福海用心把事做到最好

圖為金門縣縣長候選人陳福海競選文宣 11。

資料來源：陳福海競選服務辦公室。

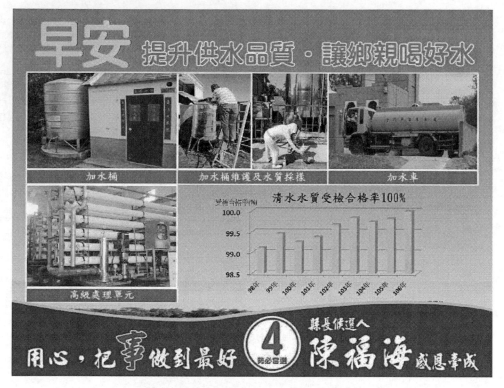

圖為金門縣縣長候選人陳福海競選文宣 12。

資料來源：陳福海競選服務辦公室。

圖為金門縣縣長候選人陳福海競選文宣 13。

資料來源：陳福海競選服務辦公室。

圖為金門縣縣長候選人陳福海競選文宣 14。

資料來源：陳福海競選服務辦公室。

圖為金門縣縣長候選人陳福海競選文宣 15。

資料來源：陳福海競選服務辦公室。

圖為金門縣縣長候選人陳福海競選文宣 16。

資料來源：陳福海競選服務辦公室。

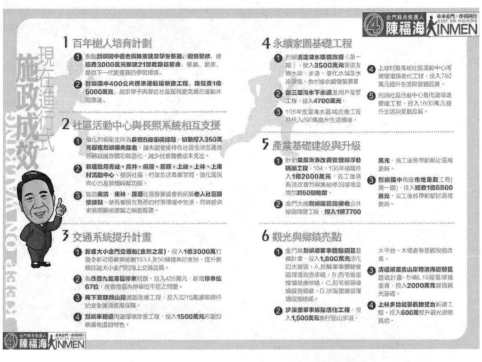

圖為金門縣縣長候選人陳福海競選文宣 17。

資料來源：陳福海競選服務辦公室。

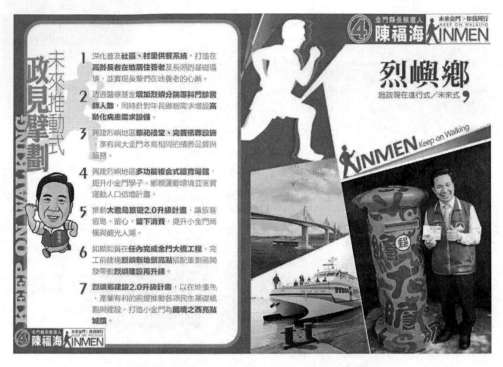

圖為金門縣縣長候選人陳福海競選文宣 18。

資料來源：陳福海競選服務辦公室。

圖為金門縣縣長候選人陳福海競選文宣 19。

資料來源：陳福海競選服務辦公室。

圖為金門縣縣長候選人陳福海競選文宣 20。

資料來源：陳福海競選服務辦公室。

圖為金門縣縣長候選人陳福海競選文宣 21。

資料來源：陳福海競選服務辦公室。

圖為金門縣縣長候選人陳福海競選文宣 22。

資料來源：陳福海競選服務辦公室。

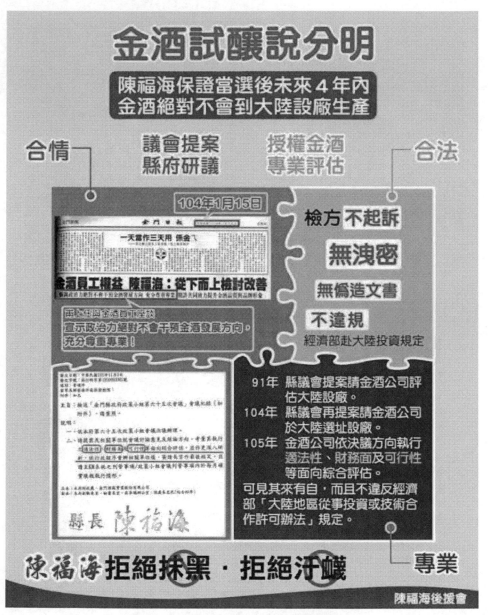

圖為金門縣縣長候選人陳福海競選文宣 23。

資料來源：陳福海競選服務辦公室。

圖為金門縣縣長候選人陳福海競選文宣 24。

資料來源：陳福海競選服務辦公室。

圖為金門縣縣長候選人陳福海競選文宣 25。

資料來源：陳福海競選服務辦公室。

圖為金門縣縣長候選人陳福海競選文宣 26。

附錄三　2018 年金門縣選舉候選人與宗親關係問卷調查

2018 年金門縣選舉候選人與宗親關係問卷調查

問卷說明：

為瞭解 2018 年底之選舉情勢與宗親會影響關係，請問您對於縣長、村里長以及鄉鎮長三個層級候選人的瞭解，認為其候選人是否具有被宗親會所薦舉或支持的關係，如下兩個選項（是、否），再請您根據自己的認知進行作答。感謝您撥冗回覆意見，此數據將成為我們寶貴的研究參考數據。

以下問卷勾選結果為 4 位金門縣各鄉鎮且不同姓氏的宗親會資深幹部之作答數據，經由比對後，將重複勾選的選項整理而成。因作答內容非常主觀，故此問卷結果僅能作為初步的參考資料。

2018 年金門縣長選舉			
候選人名單	是	否	備註
楊鎮浯	v		
洪志恒		v	
汪承樺		v	
陳福海	v		
謝宜璋		v	
洪和成		v	

2018 年金門縣鄉鎮長選舉				
選舉區	候選人名單	是	否	備註
金門縣金城鎮	歐陽彥木	v		
金門縣金城鎮	李誠智	v		
金門縣金城鎮	許丕肯		v	
金門縣金城鎮	許燕輝	v		
金門縣金城鎮	吳伯揚		v	
金門縣金沙鎮	王國代		v	
金門縣金沙鎮	張翰林		v	
金門縣金沙鎮	吳有家	v		
金門縣金沙鎮	王石堆	v		
金門縣金湖鎮	陳文顧	v		
金門縣金湖鎮	林長鴻		v	
金門縣金寧鄉	楊忠俊	v		
金門縣金寧鄉	李正騰	v		
金門縣金寧鄉	陳成泉	v		
金門縣金寧鄉	許慧新		v	
金門縣金寧鄉	翁文雅		v	
金門縣烈嶼鄉	林金量		v	
金門縣烈嶼鄉	洪若珊	v		
金門縣烈嶼鄉	洪燕玉	v		

2018 年金門縣金城鎮村里長選舉				
選舉區	候選人名單	是	否	備註
金城鎮東門里	蔡祥坤		v	
金城鎮東門里	許豐榮		v	
金城鎮東門里	陳文貴		v	
金城鎮東門里	洪勇銓		v	
金城鎮西門里	李玉葉		v	
金城鎮西門里	楊雨川		v	
金城鎮南門里	楊耀芸		v	
金城鎮南門里	鄭易岳		v	
金城鎮北門里	許續才	v		
金城鎮古城里	辛文進	v		
金城鎮金水里	黃靜柯		v	
金城鎮金水里	黃延良		v	
金城鎮金水里	洪俊裕		v	
金城鎮珠沙里	戴德強		v	
金城鎮珠沙里	薛金萬	v		
金城鎮珠沙里	許清福	v		
金城鎮珠沙里	歐陽彥興		v	
金城鎮珠沙里	薛祖堯		v	
金城鎮珠沙里	歐陽金中		v	
金城鎮賢庵里	盧志嶢	v		
金城鎮賢庵里	顏士強	v		
金城鎮賢庵里	陳永棋	v		

2018 年金門縣金沙鎮村里長選舉				
選舉區	候選人名單	是	否	備註
金沙鎮汶沙里	張瀚龍	v		
金沙鎮汶沙里	何有志		v	
金沙鎮三山里	李賢慨	v		
金沙鎮三山里	陳賜發	v		
金沙鎮三山里	王美玉		v	
金沙鎮大洋里	吳忠烈		v	
金沙鎮大洋里	吳彥洋		v	
金沙鎮大洋里	吳有泰		v	
金沙鎮大洋里	陳維新		v	
金沙鎮光前里	黃文成		v	
金沙鎮光前里	翁麗治	v		陳家媳婦
金沙鎮何斗里	陳文慶		v	
金沙鎮何斗里	陳福林		v	
金沙鎮何斗里	陳經養		v	
金沙鎮何斗里	陳福氣		v	
金沙鎮何斗里	陳金德		v	
金沙鎮西園里	黃志明		v	
金沙鎮官嶼里	楊恭勤	v		
金沙鎮浦山里	何鴻樟	v		
金沙鎮浦山里	周家才	v		周氏家廟

2018 年金門縣金湖鎮村里長選舉				
選舉區	候選人名單	是	否	備註
金湖鎮新市里	吳志成		v	
金湖鎮山外里	陳晚開	v		
金湖鎮山外里	關志武		v	
金湖鎮正義里	陳偃武	v		
金湖鎮料羅里	謝慶閣	v		
金湖鎮瓊林里	蔡聰謀		v	
金湖鎮瓊林里	蔡顯明		v	
金湖鎮新湖里	陳贊書		v	
金湖鎮新湖里	陳錦章	v		新頭
金湖鎮新湖里	陳宗住		v	
金湖鎮新湖里	陳秀嵐		v	
金湖鎮新湖里	陳宗連		v	
金湖鎮新湖里	楊玉樹		v	
金湖鎮溪湖里	呂光河		v	
金湖鎮溪湖里	黃建忠		v	
金湖鎮蓮庵里	呂永林		v	
金湖鎮蓮庵里	呂世榮		v	
金湖鎮蓮庵里	鄭榮璋		v	

2018 年金門縣金寧鄉村里長選舉				
選舉區	候選人名單	是	否	備註
金寧鄉古寧村	李開陣			
金寧鄉古寧村	李成育			
金寧鄉古寧村	李錫東			
金寧鄉安美村	薛成吉			
金寧鄉安美村	莊振興			
金寧鄉安美村	許三進			
金寧鄉后盤村	許明吉	v		
金寧鄉后盤村	王志慶	v		
金寧鄉湖埔村	楊振嵩			
金寧鄉湖埔村	楊秀清			
金寧鄉榜林村	許維琛			
金寧鄉榜林村	楊龍傳			
金寧鄉榜林村	周懋盛			
金寧鄉盤山村	翁水河			
金寧鄉盤山村	翁品洋			
金寧鄉盤山村	翁明海			

2018 年金門縣烈嶼鄉村里長選舉				
選舉區	候選人名單	是	否	備註
烈嶼鄉上岐村	洪天南			
烈嶼鄉上林村	林建進	v		上林村姓林
烈嶼鄉上林村	洪南遜			
烈嶼鄉西口村	蔡福榮			
烈嶼鄉林湖村	林龍照			
烈嶼鄉林湖村	林振津			
烈嶼鄉黃埔村	方耀年			

附錄四　2018 年金門縣地方選舉因素分析／調查問卷題目

1. 請問您戶籍設在金門的哪個地區？
□(1)金城鎮　□(2)金湖鎮　□(3)金沙鎮　□(4)金寧鄉　□(5)烈嶼鄉

2. 請問您的姓氏為何？ _____

3. 請問您的性別為何？□(1)男 □(2)女

4. 請問您的年齡為？□(1)20-29 歲 □(2)30-39 歲 □(3)40-49 歲 □(4)50-59 歲 □(5)60 歲以上

5. 請問您是否有參與宗親會之活動(例如：宗廟祭祀、吃頭、宗族聯誼等等)？
□(1)是 □(2)否

6. 請問您的親朋好友是否有參與宗親會的活動？
□(1)是 □(2)否 □(3)不知道

7. 請問您認為宗親會對於「縣長」選舉有沒有影響力？
□(1)非常有影響力　　　□(2)有些影響力　　　□(3)不太有影響力
□(4)完全沒有影響力　　□(5)不知道或不一定

8. 請問您認為宗親會對於「議員」選舉之影響力為何？
□(1)非常有影響力　　　□(2)有些影響力　　　□(3)不太有影響力
□(4)完全沒有影響力　　□(5)不知道或不一定

9. 請問您認為宗親會對於「鄉鎮長」選舉之影響力為何？
□(1)非常有影響力　　　□(2)有些影響力　　　□(3)不太有影響力
□(4)完全沒有影響力　　□(5)不知道或不一定

10. 請問您認為宗親會對於「鄉鎮民代表」選舉之影響力為何？
□(1)非常有影響力　　　□(2)有些影響力　　　□(3)不太有影響力
□(4)完全沒有影響力　　□(5)不知道或不一定

11. 請問您認為宗親會對於「村里長」選舉之影響力為何？

　　□(1)非常有影響力　　　　□(2)有些影響力　　　　□(3)不太有影響力

　　□(4)完全沒有影響力　　　□(5)不知道或不一定

12. 請問您是否會支持宗親會所推舉的候選人？

　　□(1)是　□(2)否　□(3)不一定

13. 請問您認為在今年的縣長選舉中，影響您投票最主要的因素為何？(複選最多 3 項)

　　□(1)政黨傾向　□(2)候選人經驗　□(3)候選人政見　□(4)候選人形象

　　□(5)因為是同宗族的關係□(6)接受過候選人的協助　□(7)親朋好友的拜託

　　□(8)其他_____

　　　　　　　　　　　　～問卷到此結束，謝謝您的配合～

附錄五　2018 年金門縣地方選舉因素分析／調查問卷／開票所回收數

		選舉專題研究—金門縣投開票所			
編號	設置地點	詳細地址	選舉人里鄉別	負責人	回收問卷數
0001	王氏宗祠	金門縣金城鎮東門里莒光路 26 巷 10 號	東門里 1-13	吳祈攸、王靖貽	7
0002	東門里活動中心(東門代天府廣場旁)	金門縣金城鎮東門里民族路 66 之 6 號	東門里 14-21	吳祈攸、王靖貽	12
0003	金門縣長青會	金門縣金城鎮東門里浯江北堤路 49 號	東門里 22-31	吳祈攸、王靖貽	0
0004	金城國中體育館	金門縣金城鎮南門里民權路 32 號	南門里 1-20	吳祈攸、王靖貽	11
0005	南門里辦公處	金門縣金城鎮南門里民權路 90 之 4 號	南門里 21-33	吳祈攸、王靖貽	13
0006	西南門里辦公處會議室	金門縣金城鎮南門里民權路 90 之 6 號	南門里 34-39	吳祈攸、王靖貽	12

		選舉專題研究—金門縣投開票所			
編號	設置地點	詳細地址	選舉人里鄰別	負責人	回收問卷數
0007	中正國小 104 教室	金門縣金城鎮西門里珠浦北路 38 號	西門里 1-15	林嘉蒨、孫亦臻	13
0008	中正國小 105 教室	金門縣金城鎮西門里珠浦北路 38 號	西門里 16-22	林嘉蒨、孫亦臻	13
0009	中正國小 107 教室	金門縣金城鎮西門里珠浦北路 38 號	西門里 23-28	林嘉蒨、孫亦臻	13
0010	中正國小 406 教室	金門縣金城鎮西門里珠浦北路 38 號	西門里 29,35-38	林嘉蒨、孫亦臻	13
0011	中正國小 307 教室	金門縣金城鎮西門里珠浦北路 38 號	西門里 39-46	林嘉蒨、孫亦臻	14
0012	鳳翔社區活動中心	金門縣金城鎮西門里珠浦西路 79 之 1 號	西門里 30-34	林嘉蒨、孫亦臻	14
0013	傅錫琪紀念館	金門縣金城鎮北門里中興路 173 巷 28 號	北門里 1-17	吳祈攸、王靖貽	14
0014	浯江書院	金門縣金城鎮北門里珠浦北路 36 號	北門里 18-28	吳祈攸、王靖貽	15
0015	賢庵里辦公處	金門縣金城鎮賢庵里賢聚 25 號	賢庵里 1-5,19-25	吳祈攸、王靖貽	10

選舉專題研究—金門縣投開票所					
編號	設置地點	詳細地址	選舉人里鄉別	負責人	回收問卷數
0016	賢庵國小自然教室	金門縣金城鎮賢庵里庵前 18 之 2 號	賢庵里 6-18	吳祈攸、王靖貽	13
0017	金水里辦公處	金門縣金城鎮金水里前水頭 74 之 1 號	金水里全里	吳祈攸、王靖貽	10
0018	金門城活動中心	金門縣金城鎮古城里金門城 85 之 2 號	古城里 1-14	林嘉蒨、商淨惟	4
0019	古城里辦公處	金門縣金城鎮古城里小古崗 40 之 2 號	古城里 15-26	林嘉蒨、商淨惟	4
0020	珠沙里辦公處	金門縣金城鎮珠沙里歐厝 81 號	珠沙里 1-13，16-17	林嘉蒨、商淨惟	0
0021	和平社區活動中心	金門縣金城鎮珠沙里和平新村 130 號	珠沙里 14-15，18-21	林嘉蒨、商淨惟	0
總計回收問卷數					205
0022	古寧國小(大禮堂)	金門縣金寧鄉古寧村北山 1 號	古寧村 1-9,24-28	林文皓	9
0023	古寧村辦公處	金門縣金寧鄉古寧村北山 2 號	古寧村 10-23	林文皓	6

選舉專題研究—金門縣投開票所					
編號	設置地點	詳細地址	選舉人里鄉別	負責人	回收問卷數
0024	安美村辦公處	金門縣金寧鄉安美村安岐 37 之 3 號	安美村 7-14	林文皓	5
0025	莊氏家廟	金門縣金寧鄉安美村西浦頭 47 號	安美村 1-6	林文皓	5
0026	東堡楊氏家廟	金門縣金寧鄉安美村東堡 17 號	安美村 15-25	林文皓	5
0027	湖埔村辦公處	金門縣金寧鄉湖埔村湖下 155 之 2 號	湖埔村 1-3,8-17	梁庭瑋	10
0028	湖峰社區活動中心	金門縣金寧鄉湖埔村湖下 1 之 6 號	湖埔村 4-7,31	梁庭瑋	7
0029	埔後陳氏家廟	金門縣金寧鄉湖埔村埔後 17 號	湖埔村 21-24,27-29	梁庭瑋	8
0030	下埔下老人休閒中心	金門縣金寧鄉湖埔村下埔下 8 號旁（代天府右前方）	湖埔村 18-20,25-26,30	梁庭瑋	7
0031	榜林村辦公處	金門縣金寧鄉榜林村榜林 21 號	榜林村 1-8,12-13	梁庭瑋	5
0032	垵湖分校(102 班 202 班教室)	金門縣金寧鄉榜林村后湖 87 號	榜林村 9-11,14-21	梁庭瑋	6

	選舉專題研究─金門縣投開票所				
編號	設置地點	詳細地址	選舉人 里鄉別	負責人	回收問卷數
0033	國礎國小教室	金門縣金寧鄉榜林村榜林 21 號	榜林村 22-30	梁庭瑋	5
0034	盤山村辦公處	金門縣金寧鄉盤山村盤山村頂堡 150 號	盤山村 1-8	許皓翔	7
0035	金鼎國小(201 班 202 班教室)	金門縣金寧鄉盤山村下堡 123 號	盤山村 9-17	許皓翔	10
0036	金鼎國小活動中心	金門縣金寧鄉盤山村下堡 123 號	盤山村 23-26	許皓翔	10
0037	金鼎國小(301 班 302 班教室)	金門縣金寧鄉盤山村下堡 123 號	盤山村 18-22	許皓翔	10
0038	后盤村辦公處	金門縣金寧鄉后盤村后盤山 1 之 8 號	后盤村全村	許皓翔	7
總計回收問卷數					129
0039	林湖村辦公處	金門縣烈嶼鄉林湖村東林 24 號	林湖村 1-11	葉宥均、吳若菱	7
0040	羅厝社區活動中心	金門縣烈嶼鄉林湖村羅厝 6 號	林湖村 12-23	葉宥均、吳若菱	7
0041	黃埔村辦公處	金門縣烈嶼鄉黃埔	黃埔村全村	葉宥均、吳若菱	6

選舉專題研究—金門縣投開票所					
編號	設置地點	詳細地址	選舉人 里鄉別	負責人	回收問卷數
		村黃厝 45 號			
0042	西口村辦公處	金門縣烈嶼鄉西口村西方 6 之 1 號	西口村 1-10,20,21	葉宥均、吳若菱	6
0043	東坑社區活動中心	金門縣烈嶼鄉西口村東坑 10 之 1 號	西口村 11-19	葉宥均、吳若菱	5
0044	上林村辦公處	金門縣烈嶼鄉上林村上林 80 號	上林村全村	葉宥均、吳若菱	5
0045	上岐村(新)辦公處	金門縣烈嶼鄉上岐村青岐 41 之 16 號	上岐村 1-12	葉宥均、吳若菱	7
0046	上岐村(舊)辦公處	金門縣烈嶼鄉上岐村青岐 92 之 2 號	上岐村 13-27	葉宥均、吳若菱	6
總計回收問卷數					49
0049	新市里辦公處	金門縣金湖鎮新市里林森路 6 之 1 號	新市里 1-10	吳品萱、陳羿帆	7
0050	新市里舊鎮公所	金門縣金湖鎮新市里林森路 6 號	新市里 11-21	吳品萱、陳羿帆	9
0051	金湖國小(601 教室)	金門縣金湖鎮新市里林森路 12 號	新市里 22-29	吳品萱、陳羿帆	7
0052	山外社區發展協會	金門縣金湖鎮山外	山外里	吳品萱、陳羿帆	9

選舉專題研究—金門縣投開票所					
編號	設置地點	詳細地址	選舉人 里鄰別	負責人	回收問卷數
		里山外 80 之 3 號	1-8,18-20		
0053	下莊社區活動中心	金門縣金湖鎮山外里下莊 50 號	山外里 9-17	吳品萱、陳羿帆	5
0054	溪湖里辦公處	金門縣金湖鎮溪湖里溪邊 80 號	溪湖里全里	吳品萱、陳羿帆	8
0055	蓮庵里辦公處	金門縣金湖鎮蓮庵里東村 34 號	蓮庵里全里	吳品萱、陳羿帆	7
0056	料羅灣社區活動中心	金門縣金湖鎮料羅里料羅 50 號	料羅里全里	吳品萱、陳羿帆	7
0057	湖前社區活動中心	金門縣金湖鎮新湖里湖前 38 號	新湖里 1-5,24	陳彥如、朱自強	7
0058	新湖里辦公處	金門縣金湖鎮新湖里湖前 62 之 1 號	新湖里 11,19-23,25-26	陳彥如、朱自強	7
0059	湖前二營區 (會議室)	金門縣金湖鎮新湖里環島南路五段 241 號	新湖里 12-18	陳彥如、朱自強	7
0060	塔后社區活動中心	金門縣金湖鎮新湖里塔后 142 號	新湖里 10,27-29	陳彥如、朱自強	8
0061	原塔后超市	金門縣金湖鎮新湖	新湖里	陳彥如、朱自強	7

選舉專題研究—金門縣投開票所					
編號	設置地點	詳細地址	選舉人里鄰別	負責人	回收問卷數
		里塔后 166 之 1 號	6-9,30-31		
0062	正義里辦公處	金門縣金湖鎮正義里成功 65 之 1 號	正義里 14-19	陳彥如、朱自強	6
0063	正義國小（活動中心）	金門縣金湖鎮正義里成功 129 號	正義里 1-13	陳彥如、朱自強	8
0064	瓊林里辦公處	金門縣金湖鎮瓊林里瓊林 236 之 1 號	瓊林里 1-10	陳彥如、朱自強	9
0065	瓊林民防館	金門縣金湖鎮瓊林里瓊林 77 之 1 號	瓊林里 11-22	陳彥如、朱自強	11
總計回收問卷數					129
0066	金沙國小教室	金門縣金沙鎮汶沙里后浦頭 117 號	汶沙里 1-10	李辰恩	9
0067	汶沙里民活動中心	金門縣金沙鎮汶沙里國中路 1 之 1 號	汶沙里 14-19	陳昶志	6
0067	汶沙里民活動中心	金門縣金沙鎮汶沙里國中路 1 之 1 號	汶沙里 23-24	屠科敞	6
0068	金沙國中教室	金門縣金沙鎮汶沙里國中路 61 號	汶沙里 11-13	王瑀	7
0068	金沙國中教室	金門縣金沙鎮汶沙	汶沙里 20-22	鄭乃綾	8

選舉專題研究―金門縣投開票所					
編號	設置地點	詳細地址	選舉人里鄰別	負責人	回收問卷數
		里國中路 61 號			
0068	金沙國中教室	金門縣金沙鎮汶沙里國中路 61 號	汶沙里 25-28	李辰恩	7
0069	何斗里民活動中心	金門縣金沙鎮何斗里斗門 55 之 3 號	何斗里全里	陳昶志、屠科敞	10
0070	浦山里民活動中心	金門縣金沙鎮浦山里浦邊 4 之 3 號	浦山里 1-10	陳昶志、屠科敞	6
0070	浦山里民活動中心	金門縣金沙鎮浦山里浦邊 4 之 3 號	浦山里 21	陳昶志、屠科敞	6
0071	后宅社區活動中心	金門縣金沙鎮浦山里后宅 19 號	浦山里 11-20	陳昶志、屠科敞	6
0072	西園里民活動中心	金門縣金沙鎮西園里西園 1 之 3 號	西園里全里	陳昶志、屠科敞	7
0073	官澳楊氏八祖家廟	金門縣金沙鎮官嶼里官澳 82 號	官嶼里 1-6	陳昶志、屠科敞	5
0074	官嶼里民活動中心	金門縣金沙鎮官嶼里官澳 82 之 2 號	官嶼里 7-11	陳昶志、屠科敞	5
0075	三山里民活動中心	金門縣金沙鎮三山里碧山 58 之 1 號	三山里全里	李辰恩、王瑀、鄭乃綾	8

選舉專題研究─金門縣投開票所					
編號	設置地點	詳細地址	選舉人里鄰別	負責人	回收問卷數
0076	大洋里民活動中心	金門縣金沙鎮大洋里東山 22 號	大洋里全里	吳佳駿老師	7
0077	光前里民活動中心	金門縣金沙鎮光前里陽翟 96 之 5 號	光前里 1-11	李辰恩、王瑀、鄭乃綾	6
0078	太武社區活動中心	金門縣金沙鎮光前里太武社區 1 之 1 號	光前里 12-21	李辰恩、王瑀、鄭乃綾	5
總計回收問卷數					109
五鄉鎮總計回收					629

附錄六　2018 年金門縣地方選舉因素分析／出口問卷結果基本分析表

1.請問您戶籍設在金門的哪個地區？					
		個數	百分比	有效百分比	累積百分比
有效的	金城鎮	221	35.1	35.1	35.1
	金湖鎮	134	21.3	21.3	56.4
	金沙鎮	107	17.0	17.0	73.4
	金寧鄉	120	19.1	19.1	92.5
	烈嶼鄉	47	7.5	7.5	100.0
	總和	629	100.0	100.0	

2.請問您的姓氏為何？					
		次數	百分比	有效百分比	累積百分比
有效的	陳	75	11.9	12.0	12.0
	李	57	9.1	9.1	21.2
	黃	48	7.6	7.7	28.9
	許	38	6.0	6.1	35.0
	楊	37	5.9	5.9	40.9
	林	37	5.9	5.9	46.9
	張	33	5.2	5.3	52.2
	蔡	26	4.1	4.2	56.3
	吳	24	3.8	3.9	60.2

2.請問您的姓氏為何？				
王	22	3.5	3.5	63.7
洪	22	3.5	3.5	67.3
翁	22	3.5	3.5	70.8
呂	17	2.7	2.7	73.5
鄭	12	1.9	1.9	75.4
莊	11	1.7	1.8	77.2
盧	7	1.1	1.1	78.3
劉	7	1.1	1.1	79.5
謝	7	1.1	1.1	80.6
葉	6	1.0	1.0	81.5
何	6	1.0	1.0	82.5
周	6	1.0	1.0	83.5
董	5	.8	.8	84.3
薛	5	.8	.8	85.1
徐	4	.6	.6	85.7
賴	4	.6	.6	86.4
顏	3	.5	.5	86.8
石	3	.5	.5	87.3
郭	3	.5	.5	87.8
余	3	.5	.5	88.3
曾	3	.5	.5	88.8
蕭	3	.5	.5	89.2
鍾	3	.5	.5	89.7
蘇	3	.5	.5	90.2
邱	3	.5	.5	90.7
羅	3	.5	.5	91.2

2.請問您的姓氏為何？				
潘	3	.5	.5	91.7
方	3	.5	.5	92.1
柯	2	.3	.3	92.5
江	2	.3	.3	92.8
歐陽	2	.3	.3	93.1
范	2	.3	.3	93.4
杜	2	.3	.3	93.7
歐	2	.3	.3	94.1
戴	2	.3	.3	94.4
顧	1	.2	.2	94.5
田	1	.2	.2	94.7
鄧	1	.2	.2	94.9
倪	1	.2	.2	95.0
邵	1	.2	.2	95.2
唐	1	.2	.2	95.3
姚	1	.2	.2	95.5
厲	1	.2	.2	95.7
鄺	1	.2	.2	95.8
侯	1	.2	.2	96.0
阮	1	.2	.2	96.1
成	1	.2	.2	96.3
游	1	.2	.2	96.5
伊	1	.2	.2	96.6
聶	1	.2	.2	96.8
廖	1	.2	.2	97.0
戎	1	.2	.2	97.1

2.請問您的姓氏為何？					
	馬	1	.2	.2	97.3
	魏	1	.2	.2	97.4
	俞	1	.2	.2	97.6
有效的	舒	1	.2	.2	97.8
	朱	1	.2	.2	97.9
	湯	1	.2	.2	98.1
	高	1	.2	.2	98.2
	簡	1	.2	.2	98.4
	雄	1	.2	.2	98.6
	藍	1	.2	.2	98.7
	萬	1	.2	.2	98.9
	梁	1	.2	.2	99.0
	康	1	.2	.2	99.2
	章	1	.2	.2	99.4
	卓	1	.2	.2	99.5
	孫	1	.2	.2	99.7
	施	1	.2	.2	99.8
	馮	1	.2	.2	100.0
	總和	623	99.0	100.0	
遺漏值	系統界定的遺漏	6	1.0		
總和		629	100.0		

3.請問您的性別為何？		次數	百分比	有效百分比	累積百分比
有效的	男	352	56.0	58.3	58.3
	女	252	40.1	41.7	100.0
	總和	604	96.0	100.0	
遺漏值	系統界定的遺漏	25	4.0		
總和		629	100.0		

4. 請問您的年齡為何？		次數	百分比	有效百分比	累積百分比
有效的	20-29 歲	129	20.5	20.6	20.6
	30-39 歲	114	18.1	18.2	38.8
	40-49 歲	92	14.6	14.7	53.4
	50-59 歲	135	21.5	21.5	75.0
	60 歲以上	157	25.0	25.0	100.0
	總和	627	99.7	100.0	
遺漏值	系統界定的遺漏	2	.3		
總和		629	100.0		

5.請問您是否有參與宗親會之活動？(例如：宗廟祭祀、吃頭、宗族聯誼等)		次數	百分比	有效百分比	累積百分比
有效的	是	258	41.0	41.0	41.0
	否	371	59.0	59.0	100.0
	總和	629	100.0	100.0	

6.請問您的親朋好友是否有參與宗親會活動？		次數	百分比	有效百分比	累積百分比
有效的	是	449	71.4	71.6	71.6
	否	108	17.2	17.2	88.8
	不知道	70	11.1	11.2	100.0
	總和	627	99.7	100.0	
遺漏值	系統界定的遺漏	2	.3		
	總和	629	100.0		

7.請問您認為宗親會對於「縣長」選舉有沒有影響力？		次數	百分比	有效百分比	累積百分比
有效的	完全沒有影響力	15	2.4	2.4	2.4
	不太有影響力	47	7.5	7.5	9.9
	有些影響力	271	43.1	43.1	52.9
	非常有影響力	213	33.9	33.9	86.8
	不知道或不一定	83	13.2	13.2	100.0
	總和	629	100.0	100.0	

8.請問您認為宗親會對於「議員」選舉之影響力為何？		次數	百分比	有效百分比	累積百分比
有效的	完全沒有影響力	32	5.1	5.1	5.1
	不太有影響力	94	14.9	14.9	20.0
	有些影響力	274	43.6	43.6	63.6
	非常有影響力	135	21.5	21.5	85.1
	不知道或不一定	94	14.9	14.9	100.0
	總和	629	100.0	100.0	

9.請問您認為宗親會對於「鄉鎮長」選舉之影響力為何？

		次數	百分比	有效百分比	累積百分比
有效的	完全沒有影響力	29	4.6	4.6	4.6
	不太有影響力	63	10.0	10.0	14.6
	有些影響力	289	45.9	45.9	60.6
	非常有影響力	164	26.1	26.1	86.6
	不知道或不一定	84	13.4	13.4	100.0
	總和	629	100.0	100.0	

10.請問您認為宗親會對於「鄉鎮民代表」選舉之影響力為何？

		次數	百分比	有效百分比	累積百分比
有效的	完全沒有影響力	38	6.0	6.0	6.0
	不太有影響力	107	17.0	17.0	23.1
	有些影響力	257	40.9	40.9	63.9
	非常有影響力	142	22.6	22.6	86.5
	不知道或不一定	85	13.5	13.5	100.0
	總和	629	100.0	100.0	

11.您認為宗親會對於「村里長」選舉之影響力為何？

		次數	百分比	有效百分比	累積百分比
有效的	完全沒有影響力	43	6.8	6.8	6.8
	不太有影響力	95	15.1	15.1	21.9
	有些影響力	228	36.2	36.2	58.2
	非常有影響力	181	28.8	28.8	87.0
	不知道或不一定	82	13.0	13.0	100.0
	總和	629	100.0	100.0	

12.您是否會支持宗親會所推薦的候選人？					
		次數	百分比	有效百分比	累積百分比
有效的	是	153	24.3	24.6	24.6
	否	139	22.1	22.3	46.9
	不一定	331	52.6	53.1	100.0
	總和	623	99.0	100.0	
遺漏值	系統界定的遺漏	6	1.0		
總和		629	100.0		

13.請問您認為在今年縣長選舉中影響您投票最主要的因素為何？(可複選 3 項)	
因素	次數
政黨傾向	92
候選人經驗	253
候選人政見	371
候選人形象	345
因為是同宗族關係	65
接受過候選人的協助	46
親朋好友的拜託	107
其他	56

附錄七　2018 年金門縣地方選舉因素分析／出口問卷結果交叉分析表

基本變相　* Q5:請問您是否有參與的宗親會活動？交叉表		是	否	總和
設籍地區	金城鎮	75	146	221
		33.9%	66.1%	100.0%
		11.9%	23.2%	35.1%
	金湖鎮	59	75	134
		44.0%	56.0%	100.0%
		9.4%	11.9%	21.3%
	金沙鎮	53	54	107
		49.5%	50.5%	100.0%
		8.4%	8.6%	17.0%
	金寧鄉	50	70	120
		41.7%	58.3%	100.0%
		7.9%	11.1%	19.1%
	烈嶼鄉	21	26	47
		44.7%	55.3%	100.0%
		3.3%	4.1%	7.5%
	總和	258	371	629
		41.0%	59.0%	100.0%
		41.0%	59.0%	100.0%

基本變相 ＊Q5:請問您是否有參與的宗親會活動？交叉表				
		是	否	總和
性別	男性	180	172	352
		51.1%	48.9%	100.0%
		29.8%	28.5%	58.3%
	女性	70	182	252
		27.8%	72.2%	100.0%
		11.6%	30.1%	41.7%
	總和	250	354	604
		41.4%	58.6%	100.0%
		41.4%	58.6%	100.0%
年齡	20-29 歲	41	88	129
		31.8%	68.2%	100.0%
		6.5%	14.0%	20.6%
	30-39 歲	36	78	114
		31.6%	68.4%	100.0%
		5.7%	12.4%	18.2%
	40-49 歲	42	50	92
		45.7%	54.3%	100.0%
		6.7%	8.0%	14.7%
	50-59 歲	62	73	135
		45.9%	54.1%	100.0%
		9.9%	11.6%	21.5%
	60 歲以上	77	80	157
		49.0%	51.0%	100.0%
		12.3%	12.8%	25.0%
	總和	258	369	627

基本變相 ＊ Q5:請問您是否有參與的宗親會活動？交叉表		
是	否	總和
41.1%	58.9%	100.0%
41.1%	58.9%	100.0%

設籍地區 ＊ Q6:請問您的親朋好友是否有參與宗親會的活動？交叉表				
		是	否	不知道	總和
設籍地區	金城鎮	159	36	25	220
		72.3%	16.4%	11.4%	100.0%
		25.4%	5.7%	4.0%	35.1%
	金湖鎮	90	34	9	133
		67.7%	25.6%	6.8%	100.0%
		14.4%	5.4%	1.4%	21.2%
	金沙鎮	80	13	14	107
		74.8%	12.1%	13.1%	100.0%
		12.8%	2.1%	2.2%	17.1%
	金寧鄉	89	19	12	120
		74.2%	15.8%	10.0%	100.0%
		14.2%	3.0%	1.9%	19.1%
	烈嶼鄉	31	6	10	47
		66.0%	12.8%	21.3%	100.0%
		4.9%	1.0%	1.6%	7.5%
	總和	449	108	70	627
		71.6%	17.2%	11.2%	100.0%
		71.6%	17.2%	11.2%	100.0%
性別	男性	261	53	37	351
		74.4%	15.1%	10.5%	100.0%

設籍地區 * Q6:請問您的親朋好友是否有參與宗親會的活動？交叉表		是	否	不知道	總和
		43.3%	8.8%	6.1%	58.2%
	女性	172	49	31	252
		68.3%	19.4%	12.3%	100.0%
		28.5%	8.1%	5.1%	41.8%
	總和	433	102	68	603
		71.8%	16.9%	11.3%	100.0%
		71.8%	16.9%	11.3%	100.0%
年齡	20-29 歲	76	24	29	129
		58.9%	18.6%	22.5%	100.0%
		12.2%	3.8%	4.6%	20.6%
	30-39 歲	84	21	9	114
		73.7%	18.4%	7.9%	100.0%
		13.4%	3.4%	1.4%	18.2%
	40-49 歲	77	10	4	91
		84.6%	11.0%	4.4%	100.0%
		12.3%	1.6%	0.6%	14.6%
	50-59 歲	105	20	10	135
		77.8%	14.8%	7.4%	100.0%
		16.8%	3.2%	1.6%	21.6%
	60 歲以上	107	32	17	156
		68.6%	20.5%	10.9%	100.0%
		17.1%	5.1%	2.7%	25.0%
	總和	449	107	69	625
		71.8%	17.1%	11.0%	100.0%
		71.8%	17.1%	11.0%	100.0%

設籍地區　* Q7:請問您認為宗親會對於「縣長選舉有沒有影響力」？交叉表						
		完全沒有影響力	不太有影響力	有些影響力	非常有影響力	不知道或不一定	總和
設籍地區	金城鎮	3	15	104	71	28	221
		1.4%	6.8%	47.1%	32.1%	12.7%	100.0%
		0.5%	2.4%	16.5%	11.3%	4.5%	35.1%
	金湖鎮	7	14	49	50	14	134
		5.2%	10.4%	36.6%	37.3%	10.4%	100.0%
		1.1%	2.2%	7.8%	7.9%	2.2%	21.3%
	金沙鎮	3	4	44	45	11	107
		2.8%	3.7%	41.1%	42.1%	10.3%	100.0%
		0.5%	0.6%	7.0%	7.2%	1.7%	17.0%
	金寧鄉	1	11	51	36	21	120
		0.8%	9.2%	42.5%	30.0%	17.5%	100.0%
		0.2%	1.7%	8.1%	5.7%	3.3%	19.1%
	烈嶼鄉	1	3	23	11	9	47
		2.1%	6.4%	48.9%	23.4%	19.1%	100.0%
		0.2%	0.5%	3.7%	1.7%	1.4%	7.5%
	總和	15	47	271	213	83	629
		2.4%	7.5%	43.1%	33.9%	13.2%	100.0%
		2.4%	7.5%	43.1%	33.9%	13.2%	100.0%
性別	男性	10	25	148	130	39	352
		2.8%	7.1%	42.0%	36.9%	11.1%	100.0%
		1.7%	4.1%	24.5%	21.5%	6.5%	58.3%
	女性	3	21	108	79	41	252
		1.2%	8.3%	42.9%	31.3%	16.3%	100.0%

設籍地區　*Q7:請問您認為宗親會對於「縣長選舉有沒有影響力」？交叉表						
		完全沒有影響力	不太有影響力	有些影響力	非常有影響力	不知道或不一定	總和
		0.5%	3.5%	17.9%	13.1%	6.8%	41.7%
	總和	13	46	256	209	80	604
		2.2%	7.6%	42.4%	34.6%	13.2%	100.0%
		2.2%	7.6%	42.4%	34.6%	13.2%	100.0%
年齡	20-29 歲	5	8	62	38	16	129
		3.9%	6.2%	48.1%	29.5%	12.4%	100.0%
		0.8%	1.3%	9.9%	6.1%	2.6%	20.6%
	30-39 歲	1	7	47	40	19	114
		0.9%	6.1%	41.2%	35.1%	16.7%	100.0%
		0.2%	1.1%	7.5%	6.4%	3.0%	18.2%
	40-49 歲	1	7	43	31	10	92
		1.1%	7.6%	46.7%	33.7%	10.9%	100.0%
		0.2%	1.1%	6.9%	4.9%	1.6%	14.7%
	50-59 歲	2	10	64	52	7	135
		1.5%	7.4%	47.4%	38.5%	5.2%	100.0%
		0.3%	1.6%	10.2%	8.3%	1.1%	21.5%
	60 歲以上	6	15	54	52	30	157
		3.8%	9.6%	34.4%	33.1%	19.1%	100.0%
		1.0%	2.4%	8.6%	8.3%	4.8%	25.0%
	總和	15	47	270	213	82	627
		2.4%	7.5%	43.1%	34.0%	13.1%	100.0%
		2.4%	7.5%	43.1%	34.0%	13.1%	100.0%

設籍地區 *Q8:請問您認為宗親會對於「議員」選舉有沒有影響力？交叉表						
		完全沒有影響力	不太有影響力	有些影響力	非常有影響力	不知道或不一定	總和
設籍地區	金城鎮	9	29	102	47	34	221
		4.1%	13.1%	46.2%	21.3%	15.4%	100.0%
		1.4%	4.6%	16.2%	7.5%	5.4%	35.1%
	金湖鎮	9	27	50	31	17	134
		6.7%	20.1%	37.3%	23.1%	12.7%	100.0%
		1.4%	4.3%	7.9%	4.9%	2.7%	21.3%
	金沙鎮	7	13	50	26	11	107
		6.5%	12.1%	46.7%	24.3%	10.3%	100.0%
		1.1%	2.1%	7.9%	4.1%	1.7%	17.0%
	金寧鄉	5	19	51	23	22	120
		4.2%	15.8%	42.5%	19.2%	18.3%	100.0%
		0.8%	3.0%	8.1%	3.7%	3.5%	19.1%
	烈嶼鄉	2	6	21	8	10	47
		4.3%	12.8%	44.7%	17.0%	21.3%	100.0%
		0.3%	1.0%	3.3%	1.3%	1.6%	7.5%
	總和	32	94	274	135	94	629
		5.1%	14.9%	43.6%	21.5%	14.9%	100.0%
		5.1%	14.9%	43.6%	21.5%	14.9%	100.0%
性別	男性	19	56	153	83	41	352
		5.4%	15.9%	43.5%	23.6%	11.6%	100.0%
		3.1%	9.3%	25.3%	13.7%	6.8%	58.3%
	女性	11	31	111	49	50	252
		4.4%	12.3%	44.0%	19.4%	19.8%	100.0%
		1.8%	5.1%	18.4%	8.1%	8.3%	41.7%

設籍地區 *Q8:請問您認為宗親會對於「議員」選舉有沒有影響力？交叉表						
		完全沒有影響力	不太有影響力	有些影響力	非常有影響力	不知道或不一定	總和
總和		30	87	264	132	91	604
		5.0%	14.4%	43.7%	21.9%	15.1%	100.0%
		5.0%	14.4%	43.7%	21.9%	15.1%	100.0%
年齡	20-29 歲	5	13	68	26	17	129
		3.9%	10.1%	52.7%	20.2%	13.2%	100.0%
		0.8%	2.1%	10.8%	4.1%	2.7%	20.6%
	30-39 歲	2	14	52	26	20	114
		1.8%	12.3%	45.6%	22.8%	17.5%	100.0%
		0.3%	2.2%	8.3%	4.1%	3.2%	18.2%
	40-49 歲	5	12	36	27	12	92
		5.4%	13.0%	39.1%	29.3%	13.0%	100.0%
		0.8%	1.9%	5.7%	4.3%	1.9%	14.7%
	50-59 歲	9	25	60	30	11	135
		6.7%	18.5%	44.4%	22.2%	8.1%	100.0%
		1.4%	4.0%	9.6%	4.8%	1.8%	21.5%
	60 歲以上	11	29	58	26	33	157
		7.0%	18.5%	36.9%	16.6%	21.0%	100.0%
		1.8%	4.6%	9.3%	4.1%	5.3%	25.0%
	總和	32	93	274	135	93	627
		5.1%	14.8%	43.7%	21.5%	14.8%	100.0%
		5.1%	14.8%	43.7%	21.5%	14.8%	100.0%

設籍地區　* Q9:請問您認為宗親會對於「鄉鎮長」選舉有沒有影響力？交叉表						
		完全沒有影響力	不太有影響力	有些影響力	非常有影響力	不知道或不一定	總和
設籍地區	金城鎮	8	25	102	51	35	221
		3.6%	11.3%	46.2%	23.1%	15.8%	100.0%
		1.3%	4.0%	16.2%	8.1%	5.6%	35.1%
	金湖鎮	4	21	56	39	14	134
		3.0%	15.7%	41.8%	29.1%	10.4%	100.0%
		0.6%	3.3%	8.9%	6.2%	2.2%	21.3%
	金沙鎮	7	9	51	30	10	107
		6.5%	8.4%	47.7%	28.0%	9.3%	100.0%
		1.1%	1.4%	8.1%	4.8%	1.6%	17.0%
	金寧鄉	8	8	57	30	17	120
		6.7%	6.7%	47.5%	25.0%	14.2%	100.0%
		1.3%	1.3%	9.1%	4.8%	2.7%	19.1%
	烈嶼鄉	2	0	23	14	8	47
		4.3%	0.0%	48.9%	29.8%	17.0%	100.0%
		0.3%	0.0%	3.7%	2.2%	1.3%	7.5%
	總和	29	63	289	164	84	629
		4.6%	10.0%	45.9%	26.1%	13.4%	100.0%
		4.6%	10.0%	45.9%	26.1%	13.4%	100.0%
性別	男性	15	35	164	101	37	352
		4.3%	9.9%	46.6%	28.7%	10.5%	100.0%
		2.5%	5.8%	27.2%	16.7%	6.1%	58.3%
	女性	12	24	115	59	42	252
		4.8%	9.5%	45.6%	23.4%	16.7%	100.0%
		2.0%	4.0%	19.0%	9.8%	7.0%	41.7%

設籍地區 * Q9:請問您認為宗親會對於「鄉鎮長」選舉有沒有影響力？交叉表		完全沒有影響力	不太有影響力	有些影響力	非常有影響力	不知道或不一定	總和
	總和	27	59	279	160	79	604
		4.5%	9.8%	46.2%	26.5%	13.1%	100.0%
		4.5%	9.8%	46.2%	26.5%	13.1%	100.0%
年齡	20-29 歲	5	10	56	44	14	129
		3.9%	7.8%	43.4%	34.1%	10.9%	100.0%
		0.8%	1.6%	8.9%	7.0%	2.2%	20.6%
	30-39 歲	2	13	54	27	18	114
		1.8%	11.4%	47.4%	23.7%	15.8%	100.0%
		0.3%	2.1%	8.6%	4.3%	2.9%	18.2%
	40-49 歲	4	7	51	21	9	92
		4.3%	7.6%	55.4%	22.8%	9.8%	100.0%
		0.6%	1.1%	8.1%	3.3%	1.4%	14.7%
	50-59 歲	9	15	62	39	10	135
		6.7%	11.1%	45.9%	28.9%	7.4%	100.0%
		1.4%	2.4%	9.9%	6.2%	1.6%	21.5%
	60 歲以上	9	18	66	33	31	157
		5.7%	11.5%	42.0%	21.0%	19.7%	100.0%
		1.4%	2.9%	10.5%	5.3%	4.9%	25.0%
	總和	29	63	289	164	82	627
		4.6%	10.0%	46.1%	26.2%	13.1%	100.0%
		4.6%	10.0%	46.1%	26.2%	13.1%	100.0%

設籍地區　* Q10:請問您認為宗親會對於「鄉鎮民代表」選舉有沒有影響力？交叉表						
		完全沒有影響力	不太有影響力	有些影響力	非常有影響力	不知道或不一定	總和
設籍地區	金城鎮	12	39	92	45	33	221
		5.4%	17.6%	41.6%	20.4%	14.9%	100.0%
		1.9%	6.2%	14.6%	7.2%	5.2%	35.1%
	金湖鎮	5	34	42	36	17	134
		3.7%	25.4%	31.3%	26.9%	12.7%	100.0%
		0.8%	5.4%	6.7%	5.7%	2.7%	21.3%
	金沙鎮	10	12	51	23	11	107
		9.3%	11.2%	47.7%	21.5%	10.3%	100.0%
		1.6%	1.9%	8.1%	3.7%	1.7%	17.0%
	金寧鄉	8	19	51	25	17	120
		6.7%	15.8%	42.5%	20.8%	14.2%	100.0%
		1.3%	3.0%	8.1%	4.0%	2.7%	19.1%
	烈嶼鄉	3	3	21	13	7	47
		6.4%	6.4%	44.7%	27.7%	14.9%	100.0%
		0.5%	0.5%	3.3%	2.1%	1.1%	7.5%
	總和	38	107	257	142	85	629
		6.0%	17.0%	40.9%	22.6%	13.5%	100.0%
		6.0%	17.0%	40.9%	22.6%	13.5%	100.0%
性別	男性	24	57	151	80	40	352
		6.8%	16.2%	42.9%	22.7%	11.4%	100.0%
		4.0%	9.4%	25.0%	13.2%	6.6%	58.3%
	女性	13	44	97	58	40	252
		5.2%	17.5%	38.5%	23.0%	15.9%	100.0%

設籍地區 ＊Q10:請問您認為宗親會對於「鄉鎮民代表」選舉有沒有影響力？交叉表		完全沒有影響力	不太有影響力	有些影響力	非常有影響力	不知道或不一定	總和
		2.2%	7.3%	16.1%	9.6%	6.6%	41.7%
	總和	37	101	248	138	80	604
		6.1%	16.7%	41.1%	22.8%	13.2%	100.0%
		6.1%	16.7%	41.1%	22.8%	13.2%	100.0%
年齡	20-29 歲	4	13	63	32	17	129
		3.1%	10.1%	48.8%	24.8%	13.2%	100.0%
		0.6%	2.1%	10.0%	5.1%	2.7%	20.6%
	30-39 歲	4	17	48	29	16	114
		3.5%	14.9%	42.1%	25.4%	14.0%	100.0%
		0.6%	2.7%	7.7%	4.6%	2.6%	18.2%
	40-49 歲	6	13	45	19	9	92
		6.5%	14.1%	48.9%	20.7%	9.8%	100.0%
		1.0%	2.1%	7.2%	3.0%	1.4%	14.7%
	50-59 歲	12	33	46	33	11	135
		8.9%	24.4%	34.1%	24.4%	8.1%	100.0%
		1.9%	5.3%	7.3%	5.3%	1.8%	21.5%
	60 歲以上	12	31	55	29	30	157
		7.6%	19.7%	35.0%	18.5%	19.1%	100.0%
		1.9%	4.9%	8.8%	4.6%	4.8%	25.0%
	總和	38	107	257	142	83	627
		6.1%	17.1%	41.0%	22.6%	13.2%	100.0%
		6.1%	17.1%	41.0%	22.6%	13.2%	100.0%

設籍地區 ＊ Q11:請問您認為宗親會對於「村里長」選舉有沒有影響力？交叉表						
		完全沒有影響力	不太有影響力	有些影響力	非常有影響力	不知道或不一定	總和
設籍地區	金城鎮	14	37	84	52	34	221
		6.3%	16.7%	38.0%	23.5%	15.4%	100.0%
		2.2%	5.9%	13.4%	8.3%	5.4%	35.1%
	金湖鎮	5	28	47	41	13	134
		3.7%	20.9%	35.1%	30.6%	9.7%	100.0%
		0.8%	4.5%	7.5%	6.5%	2.1%	21.3%
	金沙鎮	15	6	42	34	10	107
		14.0%	5.6%	39.3%	31.8%	9.3%	100.0%
		2.4%	1.0%	6.7%	5.4%	1.6%	17.0%
	金寧鄉	6	19	39	38	18	120
		5.0%	15.8%	32.5%	31.7%	15.0%	100.0%
		1.0%	3.0%	6.2%	6.0%	2.9%	19.1%
	烈嶼鄉	3	5	16	16	7	47
		6.4%	10.6%	34.0%	34.0%	14.9%	100.0%
		0.5%	0.8%	2.5%	2.5%	1.1%	7.5%
	總和	43	95	228	181	82	629
		6.8%	15.1%	36.2%	28.8%	13.0%	100.0%
		6.8%	15.1%	36.2%	28.8%	13.0%	100.0%
性別	男性	24	56	123	111	38	352
		6.8%	15.9%	34.9%	31.5%	10.8%	100.0%
		4.0%	9.3%	20.4%	18.4%	6.3%	58.3%
	女性	16	33	97	66	40	252
		6.3%	13.1%	38.5%	26.2%	15.9%	100.0%

設籍地區 * Q11:請問您認為宗親會對於「村里長」選舉有沒有影響力？交叉表						
		完全沒有影響力	不太有影響力	有些影響力	非常有影響力	不知道或不一定	總和
		2.6%	5.5%	16.1%	10.9%	6.6%	41.7%
	總和	40	89	220	177	78	604
		6.6%	14.7%	36.4%	29.3%	12.9%	100.0%
		6.6%	14.7%	36.4%	29.3%	12.9%	100.0%
年齡	20-29 歲	6	13	45	47	18	129
		4.7%	10.1%	34.9%	36.4%	14.0%	100.0%
		1.0%	2.1%	7.2%	7.5%	2.9%	20.6%
	30-39 歲	2	14	48	34	16	114
		1.8%	12.3%	42.1%	29.8%	14.0%	100.0%
		0.3%	2.2%	7.7%	5.4%	2.6%	18.2%
	40-49 歲	5	17	36	25	9	92
		5.4%	18.5%	39.1%	27.2%	9.8%	100.0%
		0.8%	2.7%	5.7%	4.0%	1.4%	14.7%
	50-59 歲	15	27	45	39	9	135
		11.1%	20.0%	33.3%	28.9%	6.7%	100.0%
		2.4%	4.3%	7.2%	6.2%	1.4%	21.5%
	60 歲以上	15	24	54	36	28	157
		9.6%	15.3%	34.4%	22.9%	17.8%	100.0%
		2.4%	3.8%	8.6%	5.7%	4.5%	25.0%
	總和	43	95	228	181	80	627
		6.9%	15.2%	36.4%	28.9%	12.8%	100.0%
		6.9%	15.2%	36.4%	28.9%	12.8%	100.0%

設籍地區　*Q12:請問您是否會支持宗親會所推舉的候選人？交叉表					
		是	否	不一定	總和
設籍地區	金城鎮	47	63	110	220
		21.4%	28.6%	50.0%	100.0%
		7.5%	10.1%	17.7%	35.3%
	金湖鎮	37	41	51	129
		28.7%	31.8%	39.5%	100.0%
		5.9%	6.6%	8.2%	20.7%
	金沙鎮	31	12	64	107
		29.0%	11.2%	59.8%	100.0%
		5.0%	1.9%	10.3%	17.2%
	金寧鄉	23	19	78	120
		19.2%	15.8%	65.0%	100.0%
		3.7%	3.0%	12.5%	19.3%
	烈嶼鄉	15	4	28	47
		31.9%	8.5%	59.6%	100.0%
		2.4%	0.6%	4.5%	7.5%
	總和	153	139	331	623
		24.6%	22.3%	53.1%	100.0%
		24.6%	22.3%	53.1%	100.0%
性別	男性	99	77	174	350
		28.3%	22.0%	49.7%	100.0%
		16.6%	12.9%	29.1%	58.5%
	女性	47	56	145	248
		19.0%	22.6%	58.5%	100.0%
		7.9%	9.4%	24.2%	41.5%
	總和	146	133	319	598

設籍地區　* Q12:請問您是否會支持宗親會所推舉的候選人？交叉表					
		是	否	不一定	總和
		24.4%	22.2%	53.3%	100.0%
		24.4%	22.2%	53.3%	100.0%
年齡	20-29 歲	20	29	80	129
		15.5%	22.5%	62.0%	100.0%
		3.2%	4.7%	12.9%	20.8%
	30-39 歲	21	31	62	114
		18.4%	27.2%	54.4%	100.0%
		3.4%	5.0%	10.0%	18.4%
	40-49 歲	20	20	52	92
		21.7%	21.7%	56.5%	100.0%
		3.2%	3.2%	8.4%	14.8%
	50-59 歲	41	21	70	132
		31.1%	15.9%	53.0%	100.0%
		6.6%	3.4%	11.3%	21.3%
	60 歲以上	51	37	66	154
		33.1%	24.0%	42.9%	100.0%
		8.2%	6.0%	10.6%	24.8%
	總和	153	138	330	621
		24.6%	22.2%	53.1%	100.0%
		24.6%	22.2%	53.1%	100.0%

附錄八　穎川堂金門縣陳氏宗親會輔選本宗子弟參政實施辦法（2004 年版）

　　穎川堂金門縣陳氏宗親會輔選本宗子弟參政實施辦法（93）穎興字 008 號
壹、依據：本會第八屆第二次理監事會議決議暨本會第八屆第二次會員代表大
　　會決議。
貳、為促進陳氏宗族團結，推薦優秀本宗人才，參與公共事務，以期順利當選，
　　服務社會，為族親爭取榮譽。
參、作法：
　　一、提名方式：
　　　　（一）先期由宗親會召集理監事會議，就該次選舉類別，提名做法加
　　　　　　　以說明，達成共識。
　　　　（二）發文各股轉知有意參選之本宗子弟人員，如期報名參與選舉，
　　　　　　　並於理監事會規定之時間內呈報報名結果。
　　　　（三）參選資格：
　　　　　　　1.凡屬穎川始祖漢太丘陳實公派下裔孫，設籍於金門縣之陳姓
　　　　　　　　宗親。
　　　　　　　2.參選人不分黨派、族群背景。
　　　　　　　3.依選罷法規範之公職人員積極、消極資格。
　　　　　　　4.切結遵守參與本宗提名參選結果。
　　　　　　　5.繳交初選作業費：立委、縣長二十萬，鄉鎮長五萬元。保證
　　　　　　　　金立委、縣長一百萬元、鄉鎮長五十萬元。
　　　　（四）報名及日期訂定：

1.選舉日期由理監事會訂定，向各股發出通知，原則以投票日前三個月完成。

2.參選人向理監事會報告，並完成相關審查程序。

3.繳交參選人資格證件，報名表由理監事會提供。參選人資格證件如附件（一）。

（五）投開票作業：

1.以本會十三股為選區，設立十四個初選投票所。詳如附表（二）。

2.投票人限本宗具有選罷法規範之資格者，不分男女之本宗子弟。

3.投票人以戶籍「設籍」金門縣，並具本會組織章程第五條之資格者，以身分證為驗證之憑證。

4.投票名冊以本人親自到場投票，並現場查驗身分證，造冊蓋手印為準，各參選人得票以各選區投票總和為計算方式，投票人名冊格式如附表（三）。

5.投票結束後由各投票所計票封存，送理監事會混合後公開計票，公布初選結果，普選結果占候選人綜合成績百分之四十。（即普選投票佔百分之四十，民調佔百分之六十，並採百分比法計算）。

（六）民調作業：

1.為擴大候選人之群眾基礎，並能客觀、公正選賢與能，採民意調查方式，做為本辦法之重要作業方式。

2.民調作業佔本輔選辦法提名配分百分之六十，故為求公正、客觀，以委外進行，避免人為疏失弊端。

二、輔選作法：

（一）輔選組織：

1.宗親會成立「輔選小組」，各理監事為當然成員。

2.本宗依十三股祖制（不分大小股），每股以會員代表為核心，長老、顧問為輔佐，成立「輔選委員會」。

3.各股委員會共同推薦產生主任委員及執行秘書，各股現任理監事及代表為當然委員。

4.各股委員會與組織人數，以不超過十人為限，實際負責選務執行。

5.各選舉投票所成立選務「監察小組」。名冊如附表（二）。各參選人並得於各投票所派監票人員。

（二）工作職掌：

1.各股委員會主任委員綜合各該股輔選之相關事項。

2.執行秘書襄助主任委員辦理輔選實際工作，並掌握輔選進行中全程狀況，以達成任務。

3.各股委員會應設主計、出納，分別掌理輔選中相關經費勸募、收支、結報。

4.各投票所督察小組以三人為限，監督輔選進行中之程序、過程，依選罷法規範，導正不違規、不賄選等正當行為。名冊如附表（三）。

（三）輔選實務：

1.輔選以「初選」第一名為優先，理事會得以初選前後徵求各候選人同意，進行「協商」。

2.輔選對象產生之後，宗親會本部訂定輔選工作計畫表，以各行政村陳氏宗親會為主軸，就各行政村轄區內之陳氏子弟，理監事、代表、仕紳或宗內德高望重之人士，共研選務。

3.由宗親會理監事陪同候選人及各股相關轄屬之意見領袖，將候選人加以推介，促進宗親會達成共識，啟發向心團結一致支持候選人，為本宗爭取榮譽。

4.各行政村之輔選，以本姓各股宗親會進行活動為宜，並以宗

祠或村里活動中心為宜。

5.各行政村輔選活動中，得依各村需要進行助選活動為事宜，但以不觸犯選罷法，不賄選之行為原則。

（四）輔選結果：

1.各投票所將選舉結果，經統計後由各該投票所主任會同監察人員共同密封，送達宗親會秘書處。

2.由大宗理事會召集會議就各股投票情形加以統計，並公佈選舉結果。

3.各候選人以最高票配分暨民調綜合成績最高者為本宗親參選之輔選對象，如最高成績者因故無參選，以第二高票者遞補參選。

4.參與初選落選者執意參選，本宗各股不予制止，唯其違規事實，併本辦法之罰責處理。

肆、違規處分：

一、本宗親會輔選工作，旨在推薦人才、服務社會，在各股輔選中不容許有違規賄選情事，務必達成公正、公平之競爭原則。

二、如有不法情事發生，而查有證據者，由各選舉投票所監察人員，移送宗親會監察小組，若經查核狀況屬實，送金門地檢署依法偵辦。

三、對非當選為本會之輔選對象，其個人若違背本宗親會意旨，破壞本宗輔選規則，罰則為永久喪失為本宗之輔選對象，本宗各種活動拒絕邀請參與。切結書如附表（四）。

四、違反本辦法之參選對象，沒入保證金，參選人不得異議，無違規者全數退還。

伍、附則：

一、本實施辦法草案，由宗親會召集理監事，討論議決，並召開臨時代表大會通過。

二、若有未盡事項經修正後，召集臨時代表大會議決修正後，自九十三年

　　九月頒佈實施。

三、本實施辦法草案，係以陳氏子弟「普選」為規劃基礎，並以立法委員、
　　縣長為實施之主要對象，鄉鎮長普選及輔選現狀不規劃執行。

四、各政黨提名若與本宗初選提名有衝突者，以本宗推薦者優先支持。

附錄九　陳氏宗親會子弟參選公職人員立法委員（縣長）

資格證件

一、具選罷法之要件。

二、具在地金門縣籍證明（身分證影本乙件）。

三、繳納作業費。

四、參選切結書乙份。

五、繳交保證金。

六、二吋照片兩張。

附件（一）

穎川堂金門陳氏宗親會子弟參選公職人員初選報名表							
股別	參選人姓名	年齡	性別	籍貫	住址	政黨屬性	審查結果
							□ 一、身分證影本。 □ 二、繳交作業費。 □ 三、參選切結書。 □ 四、繳交保證金。 　（開收據） □ 五、照片（二吋）二張。

附件（二）

陳氏宗親會立法委員（縣長）薦選提名選區劃分表					
選區	投票所址	投票時間	選務召集人	監察召集人	聯絡電話
第一投票所	東洲廟口	當日 0900--1400	陳良義	陳水吉	325222
第二投票所	金城鎮陳氏大宗祠	當日 0900—1400	陳火炎	陳宗住	325925
第三投票所	古邱陳氏家廟	當日 0900—1400	陳世宗	陳金通	329393
第四投票所	下坑活動中心	當日 0900—1400	陳書汶	陳大吉	333337
第五投票所	上坑北方陳氏家廟	當日 0900—1400	陳水義	陳詩泉	333992
第六投票所	新頭陳氏家廟	當日 0900—1400	陳宗元	陳永財	331263
第七投票所	山外陳氏家廟	當日 0900—1400	陳晚開	陳國興	331183
第八投票所	湖前陳氏家廟	當日 0900--1400	陳宗新	陳昆弟	325285
第九投票所	后山陳氏家廟	當日 0900--1400	陳再德	陳福海	351463
第十投票所	陽宅群陳氏家廟	當日 0900—1400	陳篤銓	陳國強	352960
第十一投票所	高坑陳氏家廟	當日 0900—1400	陳榮華	陳文顧	352501
第十二	斗門三公	當日	陳河安	陳金盛	353532

陳氏宗親會立法委員（縣長）薦選提名選區劃分表					
投票所	祖厝	0900—1400			
第十三投票所	埔后陳氏家廟	當日 0900—1400	陳清木	陳全成	326002
第十四投票所	烈嶼陳氏家廟	當日 0900—1400	陳清海	陳金鍊	362271

備註事項	一、以「十三股」為選區劃分，個選區設置投票所，方便宗親就近投票。二、複式股以設置一投票所為準，各自然村請各股通知宗親前往投票。	選務召集人，應就代表人選中遴選二—三人，充當選務工作人員，負責選務工作。	監察召集人，以各投票所駐一人為原則，監督各該投票所選務工作進行。

附件（三）

			陳氏宗親會立法委員（縣長）薦選投票人員名冊				
選區	姓名	出生年月日		身分證字號	住址	投票人（捺印）蓋章	備考

附錄十　穎川堂金門縣陳氏宗親會輔選本宗子弟參政實施辦法（2017年版）

(93)穎興字○○八號

穎川堂金門縣陳氏宗親會輔選本宗子弟參政實施辦法

壹、　依據：

一、　本會第八屆第二次理監事會議決議暨本會第八屆第二次
　　　會員代表大會決議。

二、　本會第十一屆第八次理監事會議決議暨本會第十一屆第
　　　三次會員代表大會臨時會決議，報請金門縣政府社會
　　　處 106 年 8 月 17 日府社行字第 1060064903 號函核備。

貳、　目的：為促進陳氏宗親團結，推薦優秀本宗人才，參與公共
　　　事務，以期順利當選，服務社會，為族親爭取榮譽。

參、　作法：

一、　提名方式：

(一)　先期由宗親會召集理監事會議，就該次選舉類別，
　　　提名做法加以說明，達成決議。

(二)　發文各股轉知有意參選之本宗子弟人員，如期報名
　　　參與選舉，並於理監事會規定之時間內呈報報名結果。

(三)　參選資格：

1. 凡屬穎川始祖漢太丘陳寔公派下世裔，設籍於金門
　　縣之陳氏宗親。

2. 參選人不分黨派、族群背景。

3. 依選罷法規範之公職人員積極、消極資格。

4. 切結遵守參與本宗提名參選結果

5. 繳交初選作業費：縣長、立委貳拾萬元，鄉鎮長伍萬
　　元。保證金縣長、立委壹佰萬元，鄉鎮長伍拾萬
　　元。

6. 現任縣長、立法委員、鄉鎮長任內未涉及重大法律
　　缺失，由本會理監事會議提案，經會員代表大會審
　　議通過，直接提名參選連任，並由宗親全力輔選。

(四)　報名日期訂定：

1. 選舉日期由理監事會訂定，向各股發出通知，原則以投票日前三個月完成。
2. 參選人向理監事會報告，並完成相關審查程序。
3. 繳交參選人資格證件，報名表由理監事會提供。
   參選人資格證件如附件(一)

(五) 投開票作業:

1. 以本會十三股為選區，設立十四個初選投票所。
   詳如附表(二)
2. 投票人限本宗具選罷法規範之資格者，不分男女之本宗子弟。
3. 投票人以戶籍「設籍」金門縣，並具本會組織章程第五條之資格者，以身分證為驗證之憑證。
4. 投票名冊以本人親自到場投票，並現場查驗身分證，造冊蓋手印為準，各參選人得票以各選區投票總和為計算方式。
   投票人名冊格式如附表(三)
5. 投票結束後由各投票所計票封存，送理監事會混合後公開計票，公布初選結果，普選結果佔候選人綜合成績百分之四十。
   (即普選投票佔百分之四十、民調佔百分之六十，並採百分比法計算)。

(六) 民調作業:

1. 為擴大候選人之群眾基礎，並能客觀、公正選賢與能，採民意調查方式，做為本辦法之重要作業方式。
2. 民調作業佔本輔選辦法提名配分百分之六十，故為求公正、客觀，以委外進行，避免人為疏失弊端。

(七) 輔選作法:

(一) 輔選組織:

1. 宗親會成立「輔選小組」，各理監事為當然成員。
2. **本宗依十三股祖制(不分大小股)，每股以會員代表為核心，長老、顧問為輔佐，成立「輔選委員會」。**
3. 各股委員會共同推薦產生主任委員及執行秘書，各股現任理監事及代表為當然委員。

4. 各股委員會與組織人數，以不超過十人為限，實際負責選務執行。

5. 各選舉投票所成立選務「監察小組」。如附表(二)。各參選人並得於各投票所派監票人員。

(二) 工作職掌：

    1. 各股委員會主任委員綜合該股輔選之相關事項。

    2. 執行秘書輔助主任委員辦理輔選實際工作，並掌握輔選進行中全程狀況，以達成任務。

    3. 各股委員會應設主計、出納，分別掌理輔選中相關經費勸募、收支、結報。

    4. 各投票所督察小組以三人為限，監督輔選進行中之程序、過程，並依選罷法規範，導正不違規、不賄選等正當行為。名冊如附表(三)

(三) 輔選實務：

    1. 輔選以「初選」第一名為優先，理事會得以初選前後徵求各參選人同意，進行「協商」。

    2. 輔選對象產生之後，宗親會本部訂定補選工作計畫表，以各行政村轄區內之陳氏子弟，理監事、代表、士紳或宗內德高望重之人事，共研選務。

    3. 由宗親會理監事陪同候選人及各股相關轄屬之意見領袖，將候選人加以推介，促進宗親達成共識，啟發向新團結一致支持各候選人，為本宗爭取榮譽。

(四) 輔選結果：

    1. 各投票所將選舉結果，經統計後由各該投票所主任委員會同監察人員共同密封，送達宗親會秘書處。

    2. 由大宗理事會召集會議就各股投票情形加以統計，並公布選舉結果。

    3. 候選人以最高票配分暨民調綜合成績最高者

陳氏宗親會參選立法委員資格証件

一、具選罷法之要件。

二、具在地金門縣籍証明（身份証影本乙件）。

三、繳納作業費。

四、參選切結書乙份。

五、繳交保証金。

六、二吋照片兩張。

為本宗親參選之輔選對象，如成績最高者因
故無法參選，以第二高票者遞補參選。

    4. 參與初選落選者執意參選，本宗各股不予制
止，唯其違規事實，併本辦法之罰則處理。

肆、　違規處分：

一、　　本宗親會輔選工作，旨在推薦人才、服務社會，在各股
輔選中不容許有違規賄選情事，務必達成公正、公平之競選
原則。

二、　　如有不法情事發生，而查有證據者，由各選舉投票所監
察人員，移送宗親會監察小組，若經查核狀況屬實，送金門
地檢署依法偵辦。

三、　　**對非當選為本會之輔選對象，其個人若違背宗意旨，破
壞本宗輔選規則，罰則為永久，喪失為本宗之輔選對象，本
宗各種活動拒絕邀請參與。**
切結如附表（四）。

四、　　違反本辦法之參選對象，沒入保證金，參選人不得異
議，無違規者退還。

伍、　附則：

一、　　本實施辦法草案，由宗親會召集理監事，討論議決，並
召開臨時代表大會通過。

二、　　若有未盡事項經修正後，召集臨時性代表大會議決修正
後，自一零六年九月頒佈實施。

三、　　本實施辦法草案，係以陳氏子弟「普選」為規劃基礎，
並以縣長、立法委員為實施之主要對象，各鄉鎮普選及輔選
現狀規劃執行。

四、　　各政黨提名若與本宗初選提名有衝突者，以本宗推薦者
優先支持。

附件(一)

潁川堂金門縣陳氏宗親會子弟參選公職人員初選報名表

股別	參選人姓名	年齡	性別	籍貫	住址	政黨屬性	審查結果
							□一、身份證影本。 □二、繳交作業費。 □三、參選切結書。 □四、繳交保証金。（開收據）。 □五、照片（二吋）二張。

國家圖書館出版品預行編目(CIP) 資料

宗親視野下的地方選舉：2018年金門縣五合一選
舉個案分析/林政緯主編. -- 初版. -- 臺北市：
元華文創股份有限公司, 2020.12
面 ； 公分

ISBN 978-957-711-192-0 (平裝)

1.宗親會 2.地方選舉 3.福建省金門縣

544.9   109016963

宗親視野下的地方選舉：2018年金門縣五合一選舉個案分析

林政緯　主編

發 行 人：賴洋助
出 版 者：元華文創股份有限公司
聯絡地址：100 臺北市中正區重慶南路二段 51 號 5 樓
公司地址：新竹縣竹北市台元一街 8 號 5 樓之 7
電　　話：(02) 2351-1607　　傳　　真：(02) 2351-1549
網　　址：www.eculture.com.tw
E - m a i l：service@eculture.com.tw
出版年月：2020 年 12 月 初版
定　　價：新臺幣 500 元

ISBN：978-957-711-192-0 (平裝)

總經銷：聯合發行股份有限公司
地　址：231 新北市新店區寶橋路 235 巷 6 弄 6 號 4F
電　話：(02)2917-8022　　　　傳　真：(02)2915-6275

版權聲明：

　　本書版權為元華文創股份有限公司(以下簡稱元華文創)出版、發行。相關著作權利(含紙本及電子版)，非經元華文創同意或授權，不得將本書部份、全部內容複印或轉製、或數位型態之轉載複製，及任何未經元華文創同意之利用模式，違反者將依法究責。

　　本書作內容引用他人之圖片、照片、多媒體檔或文字等，係由作者提供，元華文創已提醒告知，應依著作權法之規定向權利人取得授權。如有侵害情事，與元華文創無涉。

■本書如有缺頁或裝訂錯誤，請寄回退換；其餘售出者，恕不退貨■